Till Burgwächter

Hard & Dangerous

True Crime im Heavy Metal

Till Burgwächter
Hard & Dangerous
True Crime im Heavy Metal

Lektorat: Frank Schäfer
Umschlag: Karsten Weyershausen

Hergestellt mit Materialien aus verantwortungsvollen Quellen
(FSC® C107574)

1. Auflage 2025 © Verlag Andreas Reiffer
ISBN 978-3-910335-99-8

Verlag Andreas Reiffer, Hauptstr. 16 b, D-38527 Meine
www.verlag-reiffer.de, info@verlag-reiffer.de

»Und für den Bruchteil einer Sekunde erscheint ein Gesicht in der Glotze, das dem Autor und Tausenden Metal-Fans verdammt bekannt vorkommt. Wenige Stunden und ein paar Internet-Recherchen später ist klar, dieses Gesicht gehört tatsächlich Jon Schaffer von Iced Earth.«

Auf dem Cover zu sehen: vorne – Vince Neil (Mötley Crue), Steven Tyler (Aerosmith), Axl Rose (Guns N' Roses), Ozzy Osbourne, Lemmy Kilmister (ex-Motörhead); hinten – Karl Logan (ex-Manowar), Randy Blythe (Lamb of God), Gaahl (ex-Gorgoroth), Phil Anselmo (ex-Pantera)

Tagesordnung

Das Verfahren ist eröffnet

Der »Prinz der Dunkelheit« bittet um Aufmerksamkeit.

Pock, pock, pock! »Ruhe im Saal, Zigaretten aus und Bierdosen unter die Bänke, Gespräche sind ab sofort einzustellen. Und wenn ich noch einmal jemanden ›Breaking the Law‹ singen höre, verhänge ich ein Ordnungsgeld. Wir sitzen heute zu Gerichte, um uns mit einem ganz besonderen Delinquenten zu beschäftigen. Der Heavy Metal, spätestens mit der Veröffentlichung des Debüts von Black Sabbath geboren, ist nebst seinen Untergenres und Subsubverästelungen längst volljährig und damit auch voll strafmündig.

Er hat es zu keinem Tag seiner Existenz geschafft, nicht mit der Justiz aneinander zu geraten oder zumindest die Öffentlichkeit zu schockieren. Wir werden uns auf den folgenden, nicht enden wollenden Seiten mit all seinen Verfehlungen, seinem Spiel mit dem Verbotenen und seinem aufrührerischen Charakter beschäftigen. Mit dem Heavy Metal stehen natürlich auch seine Bands, Fans und andere Sympathisanten vor Gericht, um ihre gerechte Strafe zu erhalten. Herr Staatsanwalt, ich bitte, uns die Anklageschrift vorzutragen.«

»Herr Richter, bitte entnehmen Sie diese dem Inhaltsverzeichnis dieses Buches. Ich muss den ganzen Quark nicht noch mal wiederholen.«

»Sehr schön, das spart uns Zeit. Dann fasse ich mal zusammen: Der Heavy Metal war häufiger in den Schlagzeilen als Pamela Anderson, Pietro Lombardi und Paris Hilton zusammen. Von Beginn an ging er der rechtschaffenen Bevölkerung auf die Nerven. Nicht nur dank seiner Lautstärke und dieser Geräusche, die ich nur ungern Musik nenne. Nein, es ging schon vor über einem halben Jahrhundert um Okkultismus, Drogen, Suff und Vandalismus. Es gab und gibt auch immer leichtere Vergehen wie unbezahlte Strafzettel oder obszönes Verhalten in öffentlichen Verkehrsmitteln. Doch das soll uns nicht täuschen, Aufrufe zum Selbstmord sind ebenso wenig ein Kavaliersdelikt wie Totschlag oder Auftragsmord. Von sexuellen Übergriffen möchte ich lieber gar nicht erst anfangen, muss es aber leider. Der Black Metal mit all seinen Verfehlungen wird uns ebenso lange beschäftigen wie die politischen Irrwege diverser Protagonisten. Die haben sich vielleicht einen Mist zusammengefaselt, allein das dürfte für zehn Jahre Kittchen reichen. Und wer einen aufgeheizten Mob zur Randale aufruft oder gleich selbst Amok läuft, gehört sowieso lebenslang eingebuchtet.

Daneben gilt es, das große Feld der Gewalt- und Kriminalitätsverherrlichung zu beackern, das diverse Metal-Bands durch ihre Namen, Song- und Albumtexte betreiben. Einfach widerlich, wie man sich da an übelste Straftaten und zwielichtige Gestalten ranwanzt. Wir schauen uns zudem an, wie es in der Realität aussieht, wenn ein Heavy-Metal-Fan im Gefängnis sitzt, und besuchen, hoffentlich regelmäßig, die Gerichtskantine mit ihren ausgewählten Spezialitäten wie saure Nieren oder Kutteln auf Toast. Außerdem nehmen wir eine ganz besondere Band namens Macabre genauer unter die Lupe, die eine so große Faszination für Serienkiller entwickelt hat, dass alleine das schon strafbar sein könnte oder zumindest sein müsste.

Doch genug der Vorrede, beginnen wir mit dem eigentlichen Prozess. Stellen Sie sich auf endlose Anklagen und Verhandlungen ein, zum besseren Verständnis wurden die Texte im Vorfeld von Beamtisch ins Hochdeutsche übersetzt. Anwälte und Zeugen sind in diesem besonderen Fall nicht zugelassen, die Presse bleibt ebenso draußen.«

»Einspruch!«

»Abgelehnt! Das ist hier schließlich eine ernstzunehmende Veranstaltung und keine Karnevalssitzung. Einige wenige Prozessbeobachter dürfen anwesend sein, wenn sie sich angemessen verhalten, woran ich schon jetzt meine Zweifel habe. Sei's drum, ganz zum Ende werden die Geschworenen und ich uns zurückziehen, um ein durchdachtes, vielleicht sogar gerechtes Urteil zu fällen. Dieses ist weder anfechtbar, noch kann es aufgehoben werden. Es soll von dort an bis immerdar in Stein gemeißelt sein. Im Namen des anständigen Volkes, beginnen wir mit dem ersten Prozessteil, in dem es um die Verfehlungen der Altvorderen geht. Die Verjährung wurde in diesem Falle ausgesetzt, weil sich die alten Halunken sonst hätten herauswinden können. In dubio pro lactuca agni, der Letzte macht das Licht aus.

gez.
Vorsitzender Richter Geheimrat T. Burgwächter

Strafakte 1

Früher war auch
nicht alles besser

Noch ist die Bude heil. Led Zeppelin schauen schon mal, wo sie den nächsten Fernseher hinwerfen können.

A m Anfang war nichts als Stille und Dunkelheit auf der Erde, dann kam der Wind und ein Loch tat sich im Himmel auf. Blitz und Donner fuhren herab, trafen die Erde und spalteten den Boden, Feuer stieg hoch in die Luft. Aus dem Untergrund brachte Feuer die Steine zum Schmelzen, der Boden schwankte und begann zu beben.« Jaha, so war das damals. Zumindest wenn man den Wortakrobaten von Manowar und ihrem Song »The Gods Made Heavy Metal« Glauben schenkt. Das wäre allerdings ein Fehler, nicht nur, weil man Manowar schon aus Prinzip nichts glauben sollte. Tatsächlich hat es sich natürlich ganz anders abgespielt.

Um das Jahr 1967 herum trafen sich die Schulfreunde Osbourne, Iommi, Butler und Ward, um gemeinsam zu musizieren. Erst als typische Bluesband ihrer Zeit unter dem selten dämlichen Namen Polka Tulk Blues Band, dann als Earth. Die Jungs wohnten alle in der gleichen Nachbarschaft im Birminghamer Stadtteil Aston nahe der Innenstadt, man kannte sich bereits seit Jahren. Mit der Umbenennung in Black Sabbath (nach dem Episodenfilm »Die drei Gesichter der Furcht« von Mario Bava, im Englischen »Black Sabbath«) und der Veröffentlichung des gleichnamigen Debüts 1970 erfanden sie den Heavy, Doom und wegen der gruseligen Texte auch gleich noch den Black Metal. Zack, so macht man das als kommende Legende. Dabei sorgte die Truppe allein aufgrund ihres Images für Furore. Drei von vier Mitgliedern gehörten allerdings eher zur ruhigeren Sorte und kamen mit dem Gesetz selten in Konflikt. Mag man meinen. Tatsächlich war der Drogenkonsum von allen Mitgliedern legendär (es waren schließlich die 1970er), man denke nur an den vielsagenden Song »Snowblind«. Da geht es mitnichten um Sichtprobleme am Nordpol. Neben Frontmann Ozzy tat sich vor allem Gitarrist Tony Iommi hervor. Der so ruhig und freundlich wirkende Gitarrist steckte bis zur Halskrause im Drogensumpf. Anfang der Achtziger war er mit der Gitarristin Lita Ford verlobt, sie schrieb Jahrzehnte später in ihrer Biografie, dass er sie halb totgeprügelt hätte, weil er dermaßen drauf war. Nennenswerte Geschichten vor Gericht gibt es von Iommi aber ebenso wenig wie von Geezer Butler. Der Veganer wirkt noch ruhiger als sein Kollege, 2015 platzte ihm allerdings der Kragen. Vor einer Bar im Death Valley in Kalifornien ließ ein Unbekannter laut Butler Neonazi-Sprüche ab, gab den Juden die Schuld am Untergang der Welt, und ähnlichen Blödsinn. Irgendwann hatte Butler, der gerade seine Schwägerin verloren hatte, die Schnauze voll und schepperte dem Maulhelden eine, anschließend ging eine Scheibe zu Bruch. Er musste sich wegen Körperverletzung, Vandalismus und Trunkenheit in der Öffentlichkeit verantworten und wachte am nächsten Morgen mit einem fürchterlichen Schädel in einer Arrestzelle auf. Sein Kontrahent und dessen Kumpel schilderten den Abend tatsächlich anders. Laut ihnen habe ein total betrunkener Geezer sie in der Bar mit seiner neu gefundenen Liebe zu Gott vollgelabert, sei dann zum Rauchen mit nach draußen gekommen und habe Streit gesucht. Er soll die beiden Kumpels angegriffen, mit Bier übergossen, sich mit einem Security-Mann angelegt und eine Scheibe der Bar eingeschmissen haben, bevor er (und nur er) von der Polizei verhaftet wurde. Einer der beiden ist selbst jüdischen Glaubens und wehrte sich vehement gegen die Vorwürfe, man habe Nazi-Sprüche losgelassen. Am Ende liegt die Wahrheit wohl in der Mitte, Geezer kam mit einer Ermahnung davon und ließ danach Jahre lang die Finger vom Alkohol. Auch Schlagzeuger Bill Ward war heftig unterwegs, Ende der Siebziger trank er während der Auftritte Unmengen von Alkohol. An die Aufnahmen zu dem Album »Heaven and Hell« kann er sich überhaupt nicht mehr erinnern. Aber zumindest gab es keine größeren Justizskandale um ihn, wahrscheinlich hatte er dazu keine Zeit, weil ihm seine Bandkollegen über viele Jahre böse Streiche spielten. Einmal zündete Iommi einfach zum Spaß seinen Bart an, was zu Verbrennungen dritten Grades im Gesicht des Musikers führte. Ein anderes Mal bemalte die komplette Band den nackten und vom Suff besinnungslosen Drummer mit Goldfarbe, die seine Poren verschloss, was ihn fast das Leben kostete.

Aber all diese Rabauken sind selbstverständlich nichts gegen Ozzy Osbourne, den König aller dummen Ideen. Schon als Teenager trat er zielsicher in jedes Fettnäpfchen. Nachdem er mit 15 von der Schule gegangen war, schlug er sich als Fabrikarbeiter und Mitarbeiter in einem Schlachthof durch, behielt aber keinen Job wirklich lange. Laut seinen Kollegen war Ozzy schon in jungen Jahren ganz vorne dabei. Wann immer die Band in ihrem Proberaum eine Pause machte und in den nahegelegenen Pub ging, stürzte Ozzy sich das erste Bier so schnell rein, dass es ihm wieder aus seinen Nasenlöchern lief. Wenn die anderen voll waren, hatte er gerade erst angefangen. Diesen Lebensstil über mehr als 40 Jahre durchzuhalten, ist schon bemerkenswert. Aber Ozzy schaffte es. Logisch, dass er dabei eine ganze Menge Probleme mit Polizei und Justiz bekam. Ungestraft blieben Eskapaden wie der berühmte Hoteleinschluss. Nachdem er 1979 von Black Sabbath wegen Unzuverlässigkeit gefeuert wurde, schloss er sich für drei Monate in einem Hotelzimmer ein, nahm jeden Tag Unmengen von Drogen und Alkohol zu sich, schiss auf den Boden und wollte in diesem Zimmer sterben. Seine spätere Frau Sharon rettete ihn, wer die Reinigung des Zimmers bezahlte, wurde nie bekannt. Ebenfalls ohne justiziable Folgen blieb ein Treffen 1981 mit den Bossen seiner US-Plattenfirma CBS, die den Sänger gerade als Solokünstler unter Vertrag genommen hatte. Zur Feier des Tages wollte man ein paar Tauben in den Himmel steigen lassen. Frieden und so. Ozzy, wie immer komplett in seinem eigenen Film, schnappte sich einen Vogel und biss ihm den Kopf ab, den er anschließend ausspuckte. Heute würde es Anzeigen wegen Tierquälerei hageln. Nur ein Jahr später musste der Kopf einer Fledermaus daran glauben, die ein Fan während eines Konzertes auf die Bühne warf. Ozzy – an dem Abend vielleicht auch nicht ganz nüchtern? – meinte, das Tier würde noch leben und ihn angreifen, deshalb verteidigte er sich. In seiner Biografie spricht er hingegen davon, dass er dachte, es handele sich um ein Spielzeug. Es war aber echt, der Fan gab später an, das Tier sei bereits tot gewesen, als er es in die Halle schmuggelte. Ebenfalls in diesem Zeitraum schaute der Sänger bei der deutschen Vertretung von CBS vorbei. Einmal mehr völlig durch mit der Welt, startete er einen Striptease auf dem Konferenztisch (laut eigenen Angaben, um die Stimmung aufzulockern), marschierte dann im Stechschritt über den Tisch und pinkelte dem Deutschlandchef in sein Glas Wein. Dessen Gesicht hätte man gerne gesehen.

Osbourne, der in einem Interview zugab, während seiner ersten Zeit bei Black Sabbath zwei Jahre lang jeden Tag LSD genommen zu haben (immerhin erinnert er sich noch an das Jahrzehnt), hatte viele große Tage. Der 18. Februar 1982 gehörte zu seinen größten. Bereits am Morgen jenseits von Gut und Böse, feuerte er in der Hotelbar seine komplette Band, wobei er Randy Rhoads und Rudy Sarzo sogar persönlich angriff. Der Grund: Die Band hatte ihm mitgeteilt, dass sie keine Lust habe, ein Live-Album mit alten Black-Sabbath-Hits aufzunehmen. Anschließend stand eigentlich ein Fotoshooting an. Er lieh sich ein Kleid von seiner Frau. In diesem Aufzug wandelte er durch San Antonio, Texas und urinierte schließlich gegen ein Denkmal, das zu Ehren der Gefallenen in der Schlacht von Alamo (1836) errichtet worden war. Leider befand sich gegenüber des Denkmals eine Polizeistation. Er bekam San-Antonio-Verbot für zehn Jahre (Köln-Kalk lässt grüßen). An die Tatsache, dass er seine Band gefeuert hatte, konnte er sich nicht mehr erinnern. Die Tour lief wie geplant weiter. Sharon sagte später, dass sie an diesem Tag gedacht habe, ihr Gatte habe endgültig den Verstand verloren.

Neujahr 1983 machte der 20jährige Kanadier James Jollimore Schlagzeilen. Er hatte am Neujahrstag eine 44 Jahre Frau und ihre beiden Kinder getötet. Zuvor hatte er einem Freund erzählt, dass er sich seltsam fühle, wenn er den Song »Bark at the Moon« von Ozzy Osbourne höre, und dann gerne jemanden töten würde. Ozzy reagierte überrascht, der Song sei von seinem Gitarristen Jake E. Lee geschrieben (der 2024 mitten in der Nacht beim Gassigehen mit seinem Hund von diversen Kugeln getroffen wurde und trotzdem überlebte) und handele von der klassischen Werwolf-Geschichte, gab er zu Protokoll. Wie bei vielen anderen Künstlern aus diversen Musikgenres (die Liste reicht von den Beatles mit »Helter Skelter« über U2s »Exit« und Pearl Jams »Jeremy« – hier besonders das Video, das den 14-jährigen Barry Loukaitis dazu »inspirierte«, in seiner Schule Amok zu laufen – bis hin zu Slipknots »Disaster Piece«, Metallicas »Ronnie«, Drowning Pools »Bodies« oder Linkin Parks »In The End«) klagte vor allem die Boulevardpresse Ozzy an. Er wurde natürlich nicht vor Gericht gestellt, warum auch? Bei allen Tätern wurden schwere psychische Störungen diagnostiziert, das kann nicht das Problem des Urhebers eines Liedes oder eines Textes sein. 1989 sah die Geschichte schon ein bisschen anders aus. Denn dieses Mal wurde Ozzy handgreiflich, gegen seine Frau Sharon. Die beiden waren gerade vom Moscow Peace Festival (ausgerechnet) nach Hause gekommen, als Ozzy im Rausch ausflippte und Sharon fast zu Tode würgte. Sie sah von einer Anzeige ab, im Gegenzug verpflichtete sich Ozzy eine sechsmonatige Entziehungskur zu machen (eine von vielen). Die beiden blieben trotzdem zusammen.

In den Neunzigern war dann tatsächlich mal ein bisschen Ruhe, bis Ozzy im neuen Jahrtausend wieder vor Gericht antanzen musste. Dieses Mal allerdings aus geschäftlichen Gründen, seine ehemaligen Bandkollegen hatten ihn verklagt. Bob Daisley, Lee Kerslake und Phil Soussan glaubten, dass ihnen noch Geld zustehen würde. Sie hatten die Band übrigens 1981 verlassen. Das Gericht entschied zu Gunsten von Osbourne. Auch mit seinem ehemaligen Kollegen Tony Iommi focht Osbourne vor Gericht. Es ging um die Namensrechte an der Marke »Black Sabbath«. 2010 legte man den Streit bei und nahm bald darauf gemeinsam das Album »13« auf, um noch Jahre lang auf Tour zu gehen. Wenn doch alles so einfach wäre. 2003 klagte Meister Oz selbst gegen einen Arzt aus Beverly Hills. Der habe ihm innerhalb eines Jahres 13.000 Dosen von 32 verschiedenen Medikamenten verschrieben, was ihn fast arbeitsunfähig gemacht habe. Die Klage wurde abgewiesen. Das Gericht konnte wahrscheinlich nicht glauben, dass man Ozzy erst was verschreiben muss, damit er es schluckt. Und so ganz los kommt er von Mittelchen eh nicht. In einem Interview im Herbst 2024 ließ er durchklingen, wieder gerne einen Joint durchzuziehen. Er meinte, er sei dann zwar nicht mehr nüchtern, aber glücklicher. Außerdem überlege er, wieder auf härtere Drogen umzusteigen, das mache ihn dann vielleicht noch glücklicher. Seien wir ehrlich, nun ist es auch schon egal. Dem Mann ist nicht zu helfen.

Eine Kleinigkeit früher als Black Sabbath waren Led Zeppelin am Start. Auch sie gelten als Urväter des Heavy Metal, wenn auch eher der Richtungen Folk und Progressive Metal. Robert Plant, Jimmy Page, John Paul Jones und John Bonham waren teilweise bereits gefragte Session-Musiker. Page hatte in einer sehr erfolgreichen Band (The Yardbirds) und mit Tom Jones gespielt, John Paul Jones mit Jeff Beck und den Rolling Stones zusammengearbeitet, als Led Zeppelin 1968 zum ersten Mal von sich hören machten. Trotzdem konnten sie nicht ahnen, dass sie eine der erfolgreichsten Bands aller Zeiten werden würden. Mit über 300 Millionen verkauften Alben stehen sie immer noch weit vorne auf dem Treppchen, obwohl ihre eigentliche Karriere nur von 1968 bis 1980 dauerte. Kurze Reunions und 759 verschiedene Neuauflagen der alten Schinken inbegriffen. Schon zu Beginn ihrer steilen Karriere mussten sie sich mit juristischen Problemen auseinandersetzen, denn die dänische Baronin Eva von Zeppelin, eine Enkelin des Erfinders Ferdinand von Zeppelin, fand den Namen der Truppe überhaupt nicht lustig. Als sie dann noch das Cover der brennenden Hindenburg auf dem unbetitelten Debüt sah, war es ganz vorbei. Ein geplanter Auftritt von Led Zeppelin in Kopenhagen wollte die Adelige verbieten lassen. Die Band benannte sich, um etwaigen Problemen aus dem Weg zu gehen, für einen Abend in The Nobs um. Danach gab die Baronin Ruhe. Anders als die Behörden in Malaysia, die in den späten 1960er Jahren tatsächlich Angst hatten, von langhaarigen, drogensüchtigen, vielleicht mit Fackeln oder Mistforken bewaffneten Männern überrannt zu werden. Also erließen sie ein Gesetz, das das Tragen von langen Haaren bei männlichen Vertretern der Spezies Mensch verbat. Ob sie dabei Vorgaben in Zentimetern machten oder im Einzelfall entschieden, was genau denn nun lang sei, konnte leider nicht in Erfahrung gebracht werden. Tatsache ist, dass Led Zeppelin von ihrem Booker für ein Konzert nach Singapur gebucht wurden. Als die Band in ihrem Privatjet landete, wurde ihr mitgeteilt, dass sie mit diesen Haaren nicht einreisen dürften. Tatsächlich setzten Led Zep keinen Fuß auf malaysischen Boden und flogen direkt wieder nach England zurück. Inklusive jeder Menge Drogen an Bord, versteht sich. Witzigerweise passierte Carcass viele Jahrzehnte später etwas Ähnliches. Auch sie durften nicht nach Malaysia einreisen, allerdings waren nicht ihre Haare, sondern ihre Texte das Problem. Zu viele medizinische Fachbegriffe und so. Der *Metal Hammer* berichtete und zitierte von der Webseite der Band: »Es tut uns leid, Malaysia, wir dürfen im Mai nicht bei euch auftreten. Eure Regierung ist offensichtlich noch nicht im 21. Jahrhundert angekommen. Uns wurden wegen unserer Song-Texte die Einreise-Visa verweigert, das ist so lächerlich und peinlich. Ruft uns wieder an, wenn ihr euren Staat vernünftig und weltoffen leiten könnt. P.S.: Wenn ihr das hier lest, seid ihr sowieso zu spät, denn wir haben eure Jugendlichen bereits letztes Jahr mit einem Auftritt in Kuching verdorben.« Britischer Humor in reinster Ausprägung.

Zurück zu Led Zeppelin: Mit dem Erfolg kamen natürlich auch die Verlockungen, denen die Band mit großer Freude erlag. Plant, Page und Co. sagten weder bei Kokain noch Heroin nein, es gibt endlos viele Geschichten von nackten jungen Frauen im Privatflieger der Band oder in ihren Hotelzimmern, zum Beispiel die, in der eine der Damen Geräusche wie eine Katze von sich geben sollte, während die Musiker Koks von ihrem Körper zogen. Sagen wir es mal so, Gleichstellungsbeauftragter wäre von denen wohl niemand geworden. Es gibt auch mehrere Geschichten mit Groupies und lebenden oder toten Tieren, die wir aus Pietätsgründen an dieser Stelle nicht weiter ausführen möchten. Die bekannteste ist wohl die »Mudshark Story«, wobei es sich in Wahrheit nicht um einen Hai, sondern um einen Red Snapper und ein rothaariges Groupie gehandelt haben soll. Den Rest darf jeder gerne selber googeln. Jimmy Page hatte im Alter von 28 Jahren eine Affäre mit einem 14-jährigen Mädchen namens Lori Mattix alias Lori Lightning, die kurz darauf gemeinsam mit ihrer Freundin Sable Starr als »Baby Groupies« bekannt wurden. Lori hatte nicht nur Sex mit Page, auch Iggy Pop, Rod Stewart, Mick Jagger und diverse andere Stars gingen, nun ja, bei ihr ein und aus. Page aber ließ sie von seinem Bodyguard aus dem Publikum heraus in sein Hotelzimmer bringen und hielt sie dort tagelang gefangen, weil er Angst vor einer Anklage wegen Missbrauchs Minderjähriger hatte. Mattix sagte Jahrzehnte später in einem Interview, dass ihr erst durch die öffentliche Debatte um sexuellen Missbrauch klar geworden ist, was ihr damals alles passiert ist. Allerdings legt sie Wert darauf, dass Page nie Verkehr mit ihr gegen ihren Willen hatte, im Gegensatz zu anderen. Was schon in den 1970ern für Aufregung sorgte, kam im Zuge der #Metoo-Debatte noch mal ans Licht. Denn auch heute lebt Page, der als begeisterter Okkultist über 20 Jahre das Boleskine House von Satans größtem Fan auf Erden, Aleister Crowley, am Rande von Loch Ness besessen hat, mit einer 46 Jahre jüngeren Frau zusammen. Vielleicht sieht er trotz seiner Exzesse deshalb noch so fit aus. Jugendbetreuer wäre ebenfalls der falsche Job für Page, denn wie Jason Bonham, Sohn von Led-Zep-Drummer John Bonham (zu dem wir gleich kommen), in mehreren Interviews erzählte, war es der Gitarrengott, der ihm im Alter von 16 Jahren die erste Prise Koks anbot. Jason hatte das Zeug nie zuvor genommen und zog sich gleich die komplette Ladung rein, die eigentlich für vier Leute gedacht war. Mittlerweile ist er seit fast 20 Jahren davon los. Auch Page lebt nach eigenen Angaben heute ein ruhiges Leben. So ruhig, dass ihm Krach aus der Nachbarschaft schnell auf die Palme bringt. Vor allem, wenn die Robbie Williams heißt. Der fing 2013 nämlich an, auf seinem Grundstück einen unterirdischen Pool samt Fitnessareal anlegen zu lassen, was Page aus zweierlei Gründen überhaupt nicht passte. Erstens war da der Baustellenlärm. Und zweitens befürchtete der Gitarrist, dass seine Villa aus dem 19. Jahrhundert irreparablen Schaden nehmen könnte. Der Streit zog sich über fünf Jahre hin, Williams nannte seinen Nachbarn geisteskrank, weil der angeblich in seinem Auto vor des Nachbars Grundstück gehockt und den Lärmpegel gemessen hatte. Der Zwist wurde erst 2018 beendet (vorerst), als ein Londoner Gericht entschied, dass Williams sein unterirdisches Paradies bauen dürfe, allerdings nur, wenn er garantiere, dass das Fundament nebenan dadurch nicht absacke und das Gebäude nicht durch Vibrationen beschädigt werde. Außerdem musste er für den Schadensfall eine Kaution hinterlegen. 2022 errichtete Williams zusätzlich einen sechs Meter hohen Zaun, um endlich in Ruhe buddeln lassen zu können. Geld alleine macht definitiv auch nicht glücklich und zufrieden.

Eine weitere Spezialität der ganzen Band war das Zerlegen von Hotelzimmern, ein in den 1970ern und 1980ern beliebter Sport bei Rockbands. Immer ganz vorne dabei: Schlagzeuger John Bonham, der in seinem kurzen Leben (er starb im Alter von 32 Jahren, indem er, bewusstlos gesoffen, im Haus von Jimmy Page an seinem Erbrochenen erstickte) wahrscheinlich längere Zeit damit verbrachte, Fernseher aus dem Fenster zu schmeißen, als Fernsehen zu gucken. An guten Abenden entsorgte er bis zu fünf Geräte. Led Zep setzten die Standards für kommende Generationen, was Hotelverwüstungen angeht. Doch damit nicht genug, Bonham knatterte mit seiner Harley auch einmal durch das Foyer des berühmten Hotel Chateau Marmont in Los Angeles (nachgestellt im Film »Almost Famous«). Ein anderes Mal verkleidete er sich als Hotelpage und präsentierte nichts ahnenden, weiblichen Gästen des Hotels seinen Gitarristen Page mit nichts als Schlagsahne am Leib. Damals verdienten Rockstars und Plattenfirmen eben noch richtig Schotter, da war die Kohle für solche Späßchen über. Es gibt jedoch einige Stimmen, die der Meinung sind, dass Led

Zep Geld und Ruhm gar nicht verdient hätten. Kaum eine Band stand so oft wegen Plagiatsvorwürfen vor Gericht. Am bekanntesten ist der Vorwurf, ihr größter Hit »Stairway to Heaven« sei nicht von ihnen, sondern von der US-Band Spirit, die zwei Jahre vor Veröffentlichung des Stücks die Nummer »Taurus« schrieben. 1970 sah Plant Spirit live und sprach anschließend mit Mitgliedern der Band, war direkt danach aber in einen Autounfall verwickelt, bei dem er Kopfverletzungen davontrug. Er erinnere sich angeblich überhaupt nicht mehr an den Abend. Page gab an, den Song »Taurus« nie in seinem Leben gehört zu haben. Der Fall ging 2014 vor Gericht und wurde erst 2020 abgeschlossen, mehrere Fachleute bestätigten, dass es sich nicht um ein Plagiat handele. Wer beide Songs hört, wird allerdings schon Ähnlichkeiten feststellen. Die Probleme für Led Zep begannen jedoch bereits viel früher. Auf ihrem 1969 veröffentlichten Debüt ist der Song »Babe I'm Gonna Leave You« zu finden, den sie als »Traditional« kennzeichneten. Angeblich, weil Joan Baez zuvor den gleichen Fehler gemacht hatte und sie sich von ihrer Version inspirieren ließen. Tatsächlich wurde das Stück in den späten 1950ern von der Folk-Sängerin Anne Bredon geschrieben, die aber erst Jahrzehnte später darauf aufmerksam gemacht wurde und rückwirkend einige schöne Schecks bekam. Das Arrangement und Intro, so fand ein Musikkritiker heraus, könnten von Chicago oder George Harrison gemopst sein, es steckt auch ein bisschen Donovan drin, für den Page und Jones als Studiomusiker arbeiteten. »Dazed and Confused« vom Debüt wurde ursprünglich als

Song von Jimmy Page deklariert, dabei stammt das Stück von Jack Holmes (der unter anderem auch den Gillette-Jingle »Für das Beste im Mann« schrieb). Page spielte die Nummer in seiner Version bereits mit den Yardbirds, nachdem er Holmes auf einer Tour live gesehen hatte. Bei Led Zeppelin wurde Holmes in den Credits dann »vergessen«. Dagegen klagte er 2010 und gewann. »Black Mountain Side« basiert auf dem Traditional »Down by Blackwaterside«, allerdings erinnert die Version der Zeppeline an eine Bearbeitung von Al Stewart, für den Page früher als Session-Musiker arbeitete. Weil das Original tatsächlich ein Traditional ist, wurden Led Zep in diesem Fall nicht verklagt. »How Many More Tears« ist eine Bearbeitung des gleichnamigen Songs von Howlin' Wolf, dem Page Passagen von Albert Kings »The Hunter« hinzufügte. Auch hier gab es nie eine Anzeige. Nimmt man allerdings noch »You Shook Me« und »I Can't Quit You Baby« hinzu, die beide korrekt als Coverversionen von Willie Dixon angegeben sind, bleiben noch zwei eigene Songs übrig. In den späten 1960ern nicht unüblich, aber doch überraschend.

Beim zweiten Album sieht es nicht viel besser aus. Einer der großen Hits, »Whole Lotta Love«, weist deutliche Parallelen zu »You Need Love« von, mal wieder, Willie Dixon auf. Nach einer Anzeige einigten sich beide Parteien außergerichtlich auf eine (angeblich) sehr ordentliche Summer für Dixon. Plant sagte später, dass das Riff eindeutig von Page stamme, er nur nicht wusste, wie er dazu singen sollte. Also »lieh« er sich eine Idee von Dixon, für die sie ordentlich zahlen durften. Aber eben nur, weil sie so erfolgreich seien. Schon in ihrer Frühzeit spielten Page und Co. das Stück »Killing Floor« von Howlin' Wolf. Auf ganz frühen Versionen von »II« ist der Song auch mit diesem Titel angegeben, inklusive eines korrekten Credits. Auf späteren Pressungen heißt der Song plötzlich »The Lemon Tree« und wird Led Zeppelin zugeschrieben, obwohl sie neben den Passagen des heulenden Wolfes auch noch Elemente von Albert Kings »Crosscut Saw« einbauten. Die Idee zum Text wurde nachweislich von Robert Johnson übernommen, der wiederum einen Kollegen namens Arthur McKay beklaute. Es ist ein schwieriges Geschäft. 1972 kamen Led Zep wieder vor Gericht und zahlten über 45.000 Dollar an die Rechteinhaber von Howlin' Wolf. Außerdem ist er seitdem als Co-Autor angegeben. »Bring it on Home« brachte die Band ein weiteres Mal vor Gericht, dieses Mal war der Text schon wieder von Willie Dixon geklaut. Nach einer Anzeige einigte man sich einmal mehr außergerichtlich. Ob Led Zeppelin in frühen Zeiten überhaupt Geld verdient haben? Die mussten ja mehr an andere Komponisten und Autoren zahlen als an Hotels. Denn auch mit der Veröffentlichung des Albums »III« gibt es den gleichen Ärger. »Since I've Been Loving You« enthält Textpassagen und musikalische Ähnlichkeiten des Songs »Never«, geschrieben von Bob Mosley für seine Band Moby Grape. Er sah dafür nie Geld. Da er an einer paranoiden Schizophrenie leidet und nicht durchgehend arbeiten konnte, lebte er sogar für einige Jahre auf der Straße. »Bron-Y-Aur Stomp« lehnt sich überdeutlich an »The Waggoner's Lad« von Bert Jansch, einem schottischen Folk-Musiker, an. Page weist in Interviews bis heute darauf hin, dass Jansch ein großer Einfluss sei, Credits hat er ihm, trotz mehrerer Parallelen, nie gewährt, wofür Page nicht nur von Janschs Bandkollegen kritisiert wurde. Eine Klage wurde bisher nicht eingereicht. Gleiches gilt für »When the Levee Breaks« von »IV«, der einfach nur schlampig deklariert wurde und einen weiteren Co-Autor (Joe McCoy) ignoriert. Auf »Physical Graffiti« ist es »Boogie with Stu«, der Led Zeppelin vor Gericht bringt. Sie hatten die Originalkomposition »Ooh, My Head« von Ritchie Valens genutzt, aber dessen Mutter als Komponistin eingetragen. Laut Page wollten sie erreichen, dass die ältere Dame Geld bekommt, da sie nie einen Cent von den Hits ihres bereits verstorbenen Sohnes erhielt. Die Rechteinhaber der Valens-Songs besaßen weniger Empathie, man einigte sich außergerichtlich. »Nobody's Fault but Mine« vom Album »Presence« ist ein Traditional, das 1927 zum ersten Mal von Blind Willie Johnson aufgenommen wurde. Der taucht in den Credits allerdings nicht auf, weil Page der Meinung war, nur der Text würde sich an das Original anlehnen, sein Arrangement sei etwas völlig Anderes. Der bandeigene Biograf George Case stimmte dem zu, denn Page orientierte sich an der Version von John Renbourn von 1966, von einer Klage wurde nichts bekannt. Trotzdem hätten Led Zeppelin einen klitzekleinen Teil ihrer Kohle vielleicht besser in einen Rechtsberater investieren sollen, der ihnen oder ihren Anwälten einfach hätte erklären können, wie man klaut, ohne erwischt und vor allem verklagt zu werden.

Mit den 1968 gegründeten Deep Purple wäre das Triumvirat des harten Rock dann vollständig. Wie Black Sabbath und Led Zeppelin bereiteten sie den Weg für den Heavy Metal, ihr 1972 veröffentlichtes Album »Machine Head« mit Hits wie »Highway Star«, »Space Truckin'« und natürlich »Smoke on the Water« (das sträflich unterbewertete »Pictures of Home« sei zudem erwähnt) war für seine Zeit unglaublich heavy und eröffnete neue Musikwelten. Sie verkauften insgesamt über 100 Millionen Alben, was auch kein schlechter Wert ist. In Sachen justiziable Skandale waren Deep Purple gegen ihre Kollegen aber fast schon so etwas wie Waisenknaben. Die üblichen Drogengeschichten, Suff und Groupies inkludiert. 1975 landeten die Jungs dann tatsächlich mal in den Schlagzeilen, allerdings als Opfer und nicht als Täter. Denn das Management hatte als erste westliche Band überhaupt ein Angebot aus Indonesien angenommen. Ein Auftritt, 11.000 Dollar Vorschuss auf die Gage. Offensichtlich interessierte sich niemand in der Band oder drumherum für Politik, denn sonst hätte jemand bemerkt, dass in Indonesien ein grausamer Diktator namens Haji Mohamed Suharto herrschte, der bereits hunderttausende Opfer auf dem Gewissen hatte und zu allem Überfluss einen Krieg vorbereitete. Die Band flog ein und musste die erste Überraschung hinnehmen. Statt der vereinbarten Halle für 20.000 Fans hatte der örtliche Promoter ein Stadion für 50.000 Menschen angemietet. Die Band sollte auch nicht einmal, sondern an zwei aufeinanderfolgenden Abenden auftreten. Fans waren genug da, die Band wurde auf den Straßen und im Stadion frenetisch empfangen. Als Security rekrutierte man das Militär, das mit scharfen Geschossen, Flammenwerfern und abgerichteten Dobermännern auf die ausflippende Meute losging. Der damalige Sänger Glenn Hughes berichtete später, er habe gesehen, wie Kinder von Hunden zerfleischt wurden. Es herrschte das totale Chaos. Zurück im Hotel stellte der wütende Manager den Promoter zur Rede, für Auftritte solcher Größe verlangten Deep Purple damals angeblich eine dreiviertel Million Dollar. Aber der Organisator schien vom Regime gedeckt und soll Wochen nach den Vorfällen den Anwalt von Deep Purple mit einer Machete durch sein Büro gejagt haben. Im Zimmer von Glenn Hughes wurde auf den Schreck erst mal gefeiert, sein Leibwächter Patsy Collins ging auf eine Zigarette vor die Tür. Kurz darauf stürzte der ausgebildete Personenschützer und Freund der Musiker in einen offenen Fahrstuhlschacht sechs Stockwerke nach unten und starb kurz darauf an seinen Verletzungen. Der Fall wurde nie aufgeklärt. Am nächsten Morgen wurden Hughes, der Manager und andere aus dem Tross aus ihren Betten geholt und in Zellen gesteckt. Angeblich wegen Mordverdacht. Sie mussten den ganzen Tag in ihren Verschlägen ausharren, bis sie mit vorgezogener Waffe zum zweiten Konzert »gebeten« wurden. Die Szenen des ersten Tages wiederholten sich, das Militär ging gnadenlos gegen die Fans vor. Anschließend landeten alle Bandmitglieder wieder in ihren Zellen. Einen Tag darauf, nachdem Deep Purple jeden Cent ihrer Gage wieder abgegeben hatten, durften sie zum Flughafen. Aber ihr Flugzeug war beschädigt, die Reifen durchschossen. Indonesische Arbeiter vor Ort weigerten sich, ihnen zu helfen. Gegen viel Geld liehen sie der Roadcrew wenigstens ihr Werkzeug, die machte dann das Flugzeug startklar und brachte die Band so schnell es ging nach Japan. Einen Tag später überfiel Suharto das Nachbarland Osttimor, ein Konflikt mit vielen Toten. Der Diktator blieb bis 1998 an der Macht, stand zwei Jahre später wegen Veruntreuung von 571 Millionen Dollar vor Gericht (aus gesundheitlichen Gründen ohne Verurteilung) und starb 2008. Glenn Hughes hat bis heute genug von Indonesien, in einem Interview mit dem »Spiegel« im Jahr 2020 sagte er, er habe das Land seitdem nie wieder betreten, auch wenn es immer mal wieder Angebote gebe.

1980 war dann endlich mal ein (ehemaliges) Bandmitglied in eine kleine Schweinerei involviert. Da das US-Recht zum damaligen Zeitpunkt nicht unbedingt auf der Seite von Musikern stand, war es relativ einfach, sich die Rechte an einem bereits bestehenden Bandnamen zu sichern. Das hatten Deep Purple natürlich bereits 1968 getan, Rod Evans, Sänger der ersten drei Alben »Shades of Deep Purple«, »The Book of Taliesyn« und »Deep Purple«, wusste also genau, was er tat. Es gelang ihm, seine neue Formation durch einige Winkelzüge Deep Purple zu nennen. Angeblich hatte er bei Jon Lord und Ritchie Blackmore um Erlaubnis gebeten und Zustimmung erhalten, was sich im Nachhinein als Lüge herausstellte. Und mit völlig unbekannten Musikern ging es dann auf Tour durch Nordamerika. Die Fans glaubten, die echten Deep Purple, die zu diesem Zeitpunkt gerade auf Eis lagen, würden eine Reunion starten und kauften Tickets wie verrückt. Die Enttäuschung war dann umso größer. Evans spielte mit seiner Combo nicht nur Songs, an denen er beteiligt war, sondern auch neuere Hits. Kostüme und Bühnenshow erinnerten an das Original, aber es war halt nicht mehr als eine (nicht mal sonderlich gute) Coverband. Die Fans buhten die Nachahmer regelmäßig von der Bühne oder bewarfen sie mit Gegenständen. Blackmore und Co. reichten Klage ein, nach mehr als einem Jahr wurde ihnen recht gegeben. Evans wurde zu einer Strafe von über 600.000 Dollar verurteilt, die er nicht ansatzweise besaß. Er trat dafür alle Rechte an den Deep-Purple-Alben ab, an denen er beteiligt war. Nach diesem Desaster verschwand Evans komplett aus der Öffentlichkeit. Dies ist bis zum heutigen Tage so geblieben, auch wenn ihm seine alten Mitstreiter längst vergeben haben und sich via Presse immer mal wieder an ihn wenden. Er solle sich melden, was er allerdings nicht tut. Es ist nicht mal klar, ob er überhaupt noch lebt. Der traurige Absturz eines ehemaligen Stars.

2019 verloren Ian Gillan und seine Mitstreiter mehr als zwei Millionen Pfund durch einen betrügerischen Manager, der zu über sechs Jahren Haft verurteilt wurde. Das Geld ist allerdings trotzdem futsch, und Deep Purple sind wieder die Opfer. Manche munkeln, dass sie deshalb ihren eigentlich für 2019 angekündigten Abschied immer wieder verschieben. So oder so, anscheinend sind sie, bis auf die menschlichen Entgleisungen von Ritchie Blackmore, der als größte Diva im ganzen Geschäft gilt, die weißen Schafe der Szene. Oder sie sind seit über 50 Jahren clever genug, die Presse herauszuhalten. Das lässt sich von den Kandidaten in den nächsten Kapiteln, der Hölle sei dank, aber beileibe nicht behaupten.

Das Verbrechen im Namen

Übertöten mit Sonnenbrille. Für Overkill darf es gern ein bisschen mehr sein.

Im Namen des Verbrechens sind so manche unterwegs. Die Reichsbürger zum Beispiel, oder bestochene Fußballschiris. Und ganz aktuell, ein ganzes Kartell von Lebensmittelfälschern, die teures Olivenöl mit billigem Sonnenblumenöl strecken, um es dann für viel Geld zu verkaufen. Es ist eine bitterböse Welt. Andere tragen die Gesetzesübertretungen ihrer Vorfahren schon im Namen. Thomas Gottschalks Ahnen dürften als Ketzer auf dem Scheiterhaufen gebrannt haben, während Til Schweigers Altvordere möglicherweise bei der Mafia waren. Namen sind mehr oder weniger Pechsache, Metal-Bands hingegen können sich ihren Namen frei wählen. Es gibt so viele unverfängliche Worte wie Def Leppard, Blind Guardian, Saxon, Dream Theater, Magnum (wenn das Eis gemeint ist), Nightwish oder Immortal. Aber manche Combos haben Spaß daran, sich das Verbrechen gleich in den Namen zu packen, um damit anzudeuten, dass sie ganz schön harte und gnadenlose Bürschchen sind.

Slayer wären so ein Beispiel, denn Totschläger oder Würger sind von Haus aus selten nette Menschen mit Sinn für Gemeinwohl. Auch ihre Thrash-Gesinnungsgenossen von der Ostküste, Overkill, mochten es in jungen Jahren martialisch und wählten ein Wort als Bandnamen, das mittlerweile dank der True-Crime-Welle auch in Deutschland gebräuchlich ist. Vor allem deshalb, weil das deutsche Pendant »übertöten« noch dämlicher klingt. Von einem Overkill spricht man dann, wenn eine Leiche mehr Merkmale von Gewalteinwirkung aufweist, als nötig gewesen wären, um sie zur Leiche zu machen.

Ein Beispiel: Die Auftragsmörderin bricht nachts in das Hotelzimmer der Zielperson ein, schießt ihr in den Kopf, zerteilt den Körper mit einem Fuchsschwanz, ertränkt anschließend den abgetrennten Kopf im Klo und schmeißt alle Einzelteile aus dem 15. Stock in den Hinterhof, wo sich ausgehungerte Wolfshunde über die Reste hermachen. Klarer Fall von Overkill, das mit dem Klo hätte echt nicht sein müssen.

In eine ähnliche Richtung tendieren 200 Stab Wounds aus Cleveland. Ich meine, 100 Stichwunden wären an sich genug gewesen, für die meisten Menschen bedeuten zwei oder drei das Ende. 200 klingt schon nach einem ziemlichen Geschmodder. Mit Song- und Albumtiteln wie »Slave to the Scalpel«, »Drilling Your Head« oder »Flesh from Within« scheinen es die Jungspunde auch genau darauf anzulegen. Dass Sänger Steve Buhl ein bisschen so aussieht wie der originale Frontmann von Dschingis Khan, sei hier nur am Rande erwähnt, macht die Sache aber kein Stück besser. Whitechapel gehen hingegen etwas subtiler vor. Ihr Bandname ruft bei unbedarften Zeitgenossen eher ein Schulterzucken hervor. »Weißkapelle«, klingt nach einem windschiefen Gebäude der Kirche oder nach einem seltenen Pilz. Menschen mit ein bisschen Schulbildung wissen hingegen, dass Whitechapel seit dem frühen 14. Jahrhundert ein Stadtteil von London ist und im legendären East End liegt. Den seltsamen Namen hat die Gegend tatsächlich von einem ausgewaschenen Kirchendach, das man damals schick fand. Da Whitechapel ein bisschen abseits liegt und sich der Kontrolle der Londoner Machthaber entzog, existierte hier immer schon ein Nährboden für Verbrechen. Brauereien, Seifenhersteller, Schlachthöfe und andere Betriebe siedelten sich an, die Bevölkerung war ärmer als der Durchschnitt in London. Im 18. und 19. Jahrhundert explodierten die Bevölkerungszahlen, was Whitechapel besonders hart traf. Bald gehörte dieser Stadtteil zu den heruntergekommensten Ecken im ganzen Land. Trinker, Spieler und Prostituierte trieben sich hier herum. Und von 1888 bis 1891 auch einer der legendärsten Serienmörder der Geschichte: Jack the Ripper ermordete mindestens fünf Frauen und verschwand, wie er gekommen war, als Phantom. Bis heute ist der Fall nicht wasserdicht aufgeklärt, auch wenn es starke Vermutungen gibt, dass der damals nicht in Verdacht geratene, sehr mysteriöse und als Zeuge auftretende Charles Allen Lechmere der Täter sein könnte. Egal, der Fahrer eines Umzugsunternehmens liegt seit 1920 unter der Erde, die Sache hat sich so oder so erledigt. Was eine 2006 gegründete Metalcore-Kapelle aus Knoxville, Tennessee damit zu tun hat? Bis auf den Namen und ihr erstes Album »The Somatic Defilement«, dass sich inhaltlich mit dem Fall Jack the Ripper auseinandersetzt, eigentlich gar nichts. Aber der olle Jack geht halt immer.

Deutlich allgemeiner gehalten ist da der Bandname Killer(s), der sich unglaublicher Beliebtheit erfreut. Gleich sieben Combos tobten und toben unter dieser Bezeichnung durch die Metal-Steppe, die bekanntesten unter ihnen dürften Paul Di'Annos Killers (der Mann hat immerhin auf dem gleichnamigen Maiden-Album gesungen) und die seit 1982 aktiven

Franzosen sein. Doch wie um alles in der Welt killen sie? Mit Gift, mit dem Präzisionsgewehr oder am Ende gar mit großartigen Songs? Unwahrscheinlich, denn warum sollten ein paar Typen, die sogar zu faul sind, sich einen vernünftigen Namen einfallen zu lassen, plötzlich beim Komponieren vor Kreativität sprühen? Wer zu einem Konzert von Killer(s) geht, muss auf jeden Fall über einen breiten Musikgeschmack verfügen. Schließlich könnten da auf der Bühne die bolivianischen Heavy-Metaller, die französischen Speed-Metaller, die kanadischen Thrash-Metaller oder sonst wer erscheinen. Ganz schön kompliziert. Freundlicherweise gibt es daneben Bands, die wenigstens noch einen Zusatz in ihren Namen packen. Das hilft sowohl bei der Zuordnung als auch bei der Bestimmung der Verbrechensart. Driller Killer, Christ Killer, Chainsaw Killer, Lady Killer, Killer Elite (gibt's auch dreimal), Knife Killer, Killer Refrigerator (hä?), Fashion Killers, Dead Serial Killers oder Killers Killer, das geht doch leicht über die Lippen. Torture Killer aus Finnland brachten es sogar zu ein bisschen Berühmtheit, glücklicherweise nur auf musikalischer Ebene und nicht in der Folterkammer.

Die kanadischen Thrasher von Annihilator machen überhaupt keine Gefangenen, ihr Bandname heißt übersetzt so viel wie »Vernichter«, womit restlos jeder und alles gemeint ist. Und wo kein Kläger, da kein Richter. So einfach ist das. Sentenced hingegen waren zu Lebzeiten nicht nur die größten Selbstmordverfechter unter dem finnischen Wintermond, sondern auch bereits verurteilt. Das bedeutet zumindest ihr

Name. Wozu und warum, haben sie nie erklärt, vermutlich bezogen die nordischen Trauerweiden das auf ihre pure Existenz. Die deutschen Thrasher von Assassin bekennen sich ganz offen zu ihrem Zweitjob, sie sind je nach Übersetzung Attentäter oder Meuchelmörder. Kann man wahrscheinlich auch miteinander verbinden. An den ausgefransten Rändern der Metal-Szene, schon in den Alternative-Bereich hineinschwappend, treiben The Pineapple Thief ihr Unwesen. Der vielleicht dämlichste Name von allen. Denn erstens muss man Ananasse nicht klauen, die kosten ja fast nichts. Und zweitens ist die Schale mit fiesen Piekserrn besetzt. Wer sich so eine Frucht unters T-Shirt steckt, schläft auch auf einem Nagelbrett. Es sei denn, man klaut Dosenananas. Aber die schmeckt ja nicht.

Strafakte 2

Amateure, Albernheiten und traurige (Zensur–) Alltäglichkeiten

Hier mal ausnahmsweise nicht vor Gericht, sondern an seinem Arbeitsplatz.
Tommy Lee.

Auch wenn sich die feinen Herren (und ab und an auch Damen) Rockstars bisweilen so fühlen, als wären sie Fürstbischöfe und Erzmundschenke, ihre Vergehen können von sehr profaner Natur sein. Bestes Beispiel dafür ist Tommy Lee (bürgerlich: Tomas Lee Bass), der sich wahrscheinlich als direkter Nachfolge der Rockgötter von eben fühlt, für die übliche gesellschaftliche Grenzen selbstverständlich nicht gelten. Seine diversen Drogeneskapaden und Verstöße gegen Bewährungsauflagen sparen wir uns an dieser Stelle im Detail, leider taucht der in Griechenland geborene Schlagzeuger von Mötley Crüe auch in einem späteren, wesentlich ernsteren Kapitel auf. Die Liste seiner sonstigen Vergehen gehören aber eindeutig hierhin, denn Meister Lee ist auch ein Freund der einfachen Gesetzesübertretung, da ist er ganz schmerzbefreit. Bereits 1980 enterte die Polizei die Butze des Schlagzeugers und seiner Mitstreiter, denn das Ordnungsamt hatte darum gebeten. Im Hause Crüe, aufgrund von Geldmangel wohnte die ganze Asselbande zusammen, stapele sich der Müll, es würde so sehr stinken, dass sich Anwohner beschweren. Als die Polizisten eintrafen, fanden sie eine eingetretene Wohnungstür (von vorherigen Polizeieinsätzen wegen Ruhestörung und Drogenmissbrauchs), jede Menge Abfall und vier abgeratzte Kerle vor, die es tatsächlich eines Tages auf den Rock-Olymp schaffen würden. Na gut, zumindest in die Wartehalle zu selbigem. 1989 wurde der hühnerbrüstige Künstler direkt von der Bühne einkassiert, weil er sich nackig machte und seinen Lörris im Takt schwang. In Cincinnati versteht man keinen Spaß, schließlich wohnen hier sehr viele Deutsch-Amerikaner. Da herrscht noch Zucht und Ordnung! Wo kommen wir denn da hin, wenn sich jedes dahergelaufene Trommeläffchen in derart unschicklicher Weise produziert? Lee durfte den Knast nach einer kurzen Bedenkzeit und bekleidet wieder verlassen.

1994 ging es nicht ganz so gut aus. Am Flughafen von Los Angeles wollte der Musiker ein Flugzeug besteigen. Mit im Gepäck: eine halbautomatische Waffe und jede Menge Munition. Seine Erklärung, er habe nur vergessen, diese Utensilien auszupacken, fand der Richter halb überzeugend und verurteilte Lee zu einer einjährigen Bewährungsstrafe. Waffenvergehen werden in den USA traditionell wie Kaugummiklau bewertet. Im Jahr 1996 saß Tommy aber schon wieder kurzzeitig hinter Gittern, eine Schlägerei in einem Nachtclub machte das Wegschließen des Herrn unabdinglich. Interessanter Nebenfakt: Der Kontrahent des Schlagzeugers an diesem Abend war ein jüdischer Fotograf, der entdeckt hatte, dass Lee ein (allerdings nach links gedrehtes) Hakenkreuz als Tattoo trug. Dieses ließ er vor dem Prozess schnell entfernen, sein Anwalt sprach von einer Jugendsünde. Lee konnte sich seltsamerweise an gar nichts mehr erinnern. Ebenfalls ungewöhnlich ist die Tatsache, dass er gemeinsam mit seiner Band gleich von mehreren Fans verklagt wurde. Einer Börsenmaklerin war es bei einem Konzert im Jahr 1987 zu laut, sie erlitt eine Hörschaden, was die Band 30.000 Dollar kostete. Zwei Fans wurden bei anderen Konzerten durch Pyroeffekte verletzt, einer der beiden verlor ein Auge. Machte zweimal 175.000 Dollar auf der Ausgabenseite. 2001 wurde er von dem Schauspieler James Veres und dessen deutscher Frau Ursula Karven verklagt. Deren vierjähriger Sohn war auf einer Geburtstagsparty des ein Jahr älteren Lee-Sprosses im Pool ertrunken. Das damalige Ehepaar verklagte den Crüe-Drummer wegen Sorgfaltspflichtverletzung auf zehn Millionen Dollar, er wurde allerdings freigesprochen.

Ebenfalls recht hoch geflogen, allerdings umso tiefer gefallen ist ein gewisser Paul Andrews, den meisten wahrscheinlich eher unter seinem Künstlernamen Paul Di'Anno bekannt. Der ehemalige Iron-Maiden-Sänger, auf den legendären ersten beiden Alben der Briten, »Iron Maiden« (1980) und »Killers« (1981), zu hören, machte danach jetzt nicht unbedingt das, was man eine Traumkarriere nennt. Nach diversen Versuchen, sich vom übermächtigen Schatten seiner Vergangenheit zu lösen, musste er irgendwann einsehen, dass das Publikum in ihm immer nur den Maiden-Sänger sehen würde, weshalb er seine Zeit mit Harris und Co. ordentlich ausschlachtete. Dies soll ihm bis zu seinem Tod 2024 gegönnt gewesen sein, allerdings konnte der Mann mit der markanten Stimme nie gut mit Geld umgehen, die Nähe zu Alkohol und Drogen machte es nicht einfacher. Diverse Kurzbesuche im Gefängnis wegen Körperverletzung und Besitz illegaler Substanzen inklusive. 2011 wanderte der Sänger für neun Monate in den Knast. Ein Gericht sah es als erwiesen an, dass der britische Staat, Gerüchten zufolge ungefähr in dem gleichen Zustand wie unser Paule, von selbigem um rund 52.000 Euro beschissen wurde. Diese Summe kassierte der Sänger über einen Zeitraum von neun Jahren, weil ein Nervenleiden im Rücken ein Arbeiten angeblich unmöglich machte. Im Schnitt gab er allerdings 60 Konzerte pro Jahr. Die Schnüffler vom DWP (Departement of Work and Pensions, was es nicht alles gibt) kamen ihm auf die Schliche, was nicht besonders schwierig gewesen sein dürfte. Die Gigs waren ja öffentlich angekündigt. Also wanderte Di'Anno für ein paar Monate in den Knast, wobei er nach einigen Wochen bereits wegen guter Führung entlassen wurde. Vielleicht hatten die Wärter und Mitgefangenen auch nur die Schnauze voll von den ewig gleichen Maiden-Geschichten aus der fernen Vergangenheit und wollten ihn loswerden. Warum er sich die Kohle unter den Nagel riss, ist nicht klar. Denn in verschiedenen Interviews gab der Brite immer mal wieder zu Protokoll, dass er mit den Tantiemen der Maiden-Alben und seinen eigenen Projekten (also hauptsächlich durch die Tantiemen) genug verdienen würde, um ein gutes Leben zu führen. In anderen Gesprächen erzählte er, dass er sich die Rechte an den ersten beiden Alben einstmals für 50.000 Pfund hat abkaufen lassen. Aber das ist halt Di'Anno und auch nicht strafbar. Strafbar ist hingegen, dass er 1991 seine damalige Lebensgefährtin in Los Angeles im Koksrausch angriff und verletzte, weil die ihn angeblich mit einem Messer attackiert hatte. Dafür und für illegalen Waffen- und Drogenbesitz wanderte er in den US-Knast, den er im Nachhinein als furchtbaren Ort beschreibt, den er nie wieder besuchen möchte. War eine ganze Zeit auch gar nicht möglich, denn Paul durfte aufgrund seiner Vergehen nicht mal mehr in die USA einreisen, was vielleicht auch seinem Selbstschutz diente.

Wer glaubt, nur alte Säcke können sich zum Horst machen, liegt falsch. Ronnie Radke (erstaunlich, dass man mit diesem Namen eine Karriere machen kann) war Sänger der Metalcore-Band Escape the Fate und konnte ordentliche Erfolge feiern. Bis er 2006 auf die Idee kam, sich in bester Schulhofmanier mit einem Kontrahenten zu einer Schlägerei zu verabreden. Jede Partei durfte ein paar Kumpels mitbringen, ein Treffpunkt wurde in der Nähe einer Highschool in Las Vegas ausgemacht. Und zwar mitten in der Nacht, damit es noch erwachsener wirkt. Die Bufferei war auch in vollem Gange, als ein Mitglied von Radkes Truppe eine Pistole zog, einen 18-Jährigen erschoss und einen weiteren Mann verletzte. Der Sänger, als Mitinitiator der Schlägerei, führte zudem im Staate Nevada verbotene Schlagringe mit sich (Schusswaffen sind aber natürlich kein Problem) und wurde zu einer Bewährungsstrafe von 92.000 Dollar (zahlbar an die Mutter des toten Teenagers) und fünf Jahren Abstinenz verurteilt. Weil er kurz darauf betrunken angetroffen wurde, ging er direkt für zweieinhalb Jahre in den Knast und verlor seinen Job bei Escape the Fate. Noch hinter Gittern gründete Radke seine neue Band Falling in Reverse, mit der er in den laufenden Jahren noch erfolgreicher wurde als seine alten Kollegen. Was Radke aber nicht davon abhielt, weitere Straftaten zu begehen. 2012 wurde er wegen häuslicher Gewalt in einem minderschweren Fall angeklagt, erschien nicht zur Verhandlung und wanderte wieder in den

Knast. Für 30.000 Dollar konnte sich der Musiker freikaufen. Noch im selben Jahr schleuderte er bei einem Festival in New Jersey am Ende des Auftritts seinen Mikroständer (ohne böse Absicht) ins Publikum, zwei Fans wurden verletzt. Die Konsequenz: Der Musiker wurde hinter der Bühne festgenommen, für 25.000 Scheinchen ging es wieder in die Freiheit. Das Festival verzichtet seitdem auf Rock- und Metal-Bands. Schönen Dank, Herr Radke. 2015 gab es eine Anzeige wegen sexueller Belästigung, der Fall wurde aufgrund mangelnder Beweise zu den Akten gelegt. 2024 lieferte sich der Unruheherd dann eine gerichtliche Auseinandersetzung mit einem Journalisten, der habe angeblich Lügen über ihn verbreitet. Wer nimmt eine Wette an, dass wir in dieser Kategorie nicht zum letzten Mal von Mr. Ronnie gehört haben werden? Niemand? Schade.

Und wo wir gerade bei bunt tätowierten Core-Kameraden sind; Andy Six, Frontmann der Black Vile Brides, firmiert seit einiger Zeit ja unter seinem Geburtsnamen Andrew Biersack, was in den USA funktionieren mag, hierzulande aber eher für Schmunzler sorgt. Nicht zuletzt, weil sich in Folge 2 der Hörspielreihe TKKG (»Der blinde Hellseher«) der mysteriöse Raimondo als ein gewöhnlicher Otto Biersack herausstellt. Komisch, so etwas vergisst man nicht. Egal, zurück zu Andrew Biersack, der sich auf Jahrmärkten und in dunklen Kellern nicht als Medium für jenseitige Welten verkauft hat. Nein, bei ihm war es viel gewöhnlicher. Er saß 2016 mit seiner damaligen Freundin im Flugzeug auf dem Weg in seine Heimatstadt Los Angeles, als seine Auserwählte plötzlich auf den Musiker einschlug. Der zeigte sich verdattert, denn nach der Attacke kloppte sich die Dame ins eigene Gesicht, bis ihre Nase zu bluten anfing. Weil es vorher wohl schon etwas lauter zwischen dem Paar zur Sache ging, hatte ein Passagier begonnen, die beiden mit dem Handy zu filmen. Die Aufnahmen bewiesen später, dass Six aka Biersack seine Herzensdame nicht mal berührt hatte. Die behauptete kurzzeitig sogar, Andy hätte ihr auf dem Flug mehrere Rippen gebrochen, was ohne Körperkontakt aber schwierig ist. Zudem saß die Pornodarstellerin Mary Carey im gleichen Flieger, beobachtete die Szene und konnte Andys Version bestätigen. Carey saß 2005 ebenfalls im Knast, weil sie sich als erotische Tänzerin auf der Bühne selbst sexuell berührt hatte, was in diesem Distrikt in Washington verboten war. Sie kam gegen eine Zahlung von 300 Dollar und das Versprechen, sich jetzt aber mal ein Jahr anständig zu verhalten, wieder frei. Und Andy Biersack samt prügelndem Goldschatz? Die veröffentlichten kurz nach dem Vorfall ein gemeinsames Statement, in dem sie erklärten, der Vorfall beruhe auf ein bisschen zu viel Alkohol, aber jetzt sei alles wieder gut und man habe nicht vor, sich zu trennen. Muss Liebe schön sein.

Marilyn Manson, der leider auch noch in einem anderen Kapitel auftaucht, probte bereits als Schüler einer christlichen Lehranstalt den Aufstand, um von selbiger zu fliegen. Letztlich mit Erfolg, aber auf die kreative Art. Statt sich stumpf mit Mitschülern zu prügeln oder Lehrern auf den Zeiger zu gehen, gründete er, ganz im Sinne des damals ungeheuer populären »Mad«-Magazins, eine eigene Satirezeitschrift, in der es um

Sexspielzeug und andere Schweinereien ging. Diese vertickte er für ein paar Pence auf dem Schulhof, außerdem nahm er Kassetten mit Spaßanrufen auf, die er gemeinsam mit seinem Cousin durchführte. So fertig der Mann wirken mag, Kreativität war anscheinend immer schon seine Stärke. Mansons Texte hingegen sorgen in den USA, wie seine Bilder und Filme, immer mal wieder für Aufregung. Angeblich sollen sie Mörder, Amokläufer und ähnliche Psychopathen zu ihren Taten inspirieren. Dazu gab es bereits Kongressanhörungen, in diversen staatlich geführten Hallen hat er Auftrittsverbot. Gleich mehrere Ex-Mitglieder seiner Band verklagten den Sänger auf Beträge zwischen ein paar tausend Euro und 24 Millionen. Die Prozesse gingen zu Gunsten von Manson aus oder endeten mit einem Vergleich. Schlagzeilen machte auch der Tod der 28-jährigen Jennifer Syme, die auf dem Rückweg von einer Manson-Party, mit Drogen und Medikamenten vollgepumpt, in den Tod raste. Die Freundin des Schauspielers Keanu Reeves und Assistentin von Regisseur David Lynch und den Red Hot Chili Peppers starb im Jahr 2001, als sie ihren Jeep in eine Gruppe parkender Autos setzte. Ihre Mutter verklagte Manson daraufhin, weil er ihr angeblich die Drogen gegeben und sie in ihrem Zustand ans Steuer gelassen hatte. Tatsächlich wurde Syme im Morgengrauen von einem nüchternen Gast nach Hause gebracht, wo sie sich nach kurzem Aufenthalt in ihr Auto setzte, um zur Party zurückzukehren. Der Fall wurde 2003 eingestellt, als Sargträger bei ihrer Beerdigung fungierten neben Lynch und Reeves Scott Ian von Anthrax und Dave

Navarro von den Chili Peppers. Der Lynch-Film »Mulholland Drive« ist ihr gewidmet. »Don't Koks and Drive« hätte hier das Motto sein sollen.

Das dürfte Mötley-Crüe-Bassist Nikki Sixx in seinem alles andere als langweiligen Leben wohl auch nicht immer beachtet haben. Er spielte schon als Jugendlicher den Troublemaker, flog von der Schule und wurde zwischen Mutter und Großeltern hin- und hergeschoben. Die erste Beinahe-Knasterfahrung sammelte er 1972 im Alter von 13 Jahren, als er bei einem Konzert der Rolling Stones Schokolade im Publikum verkaufte. Die war allerdings mit der Droge Mescalin versetzt. Seiner Verurteilung entging er durch Flucht ans andere Ende des Landes. 1987 wanderte er in Japan für ein paar Stunden hinter Gitter, weil er in einem der bekannten Hochgeschwindigkeitszüge eine Flasche Jack Daniels nach seinem Bandkollegen Mick Mars warf. Er verfehlte ihn und traf einen japanischen Mitreisenden am Kopf. Die Polizei forderte Sixx auf, einen Entschuldigungsbrief an sein Opfer zu schreiben, was Nikki verweigerte. Nach ein paar Stunden in der Zelle ging ihm das Schreiben dann leichter von der Hand. Bei einem Konzert 1997 forderte er gemeinsam mit seinem Schlagzeuger Tommy Lee die Fans auf, die Bühne zu stürmen. Ein 18-jähriger Security-Mann versuchte den Mob aufzuhalten, worauf Sixx und Lee ihn beschimpften, traten und bespuckten. Lee wurde dafür verurteilt, wie die Sache für Sixx ausging, wurde nicht öffentlich. Im selben Jahr beleidigten beide einen anderen Security-Mann rassistisch und forderten das Publikum auf, ihn zu verprügeln. Es folgten eine Bewährungsstrafe und diverse Auflagen. 1999 beleidigte er von der Bühne aus die anwesenden Polizisten und bat ihnen an, »man könne auch ein paar Polizeiautos umkippen, wie man es früher gemacht habe«, was einen Tumult im Publikum auslöste. Sixx wurde festgenommen, kam aber schnell wieder frei. Vielleicht sollte man dem Mann auf der Bühne einfach kein Mikro geben? Sein Bandkollege Mick Mars scheint der einzige einigermaßen Vernünftige in der Bande zu sein, aber auch er musste einmal mit aufs Revier. Allerdings ohne eigene Schuld. Denn Lee war zuvor nackt durch die Hotelflure gerannt und hatte an jede Zimmertür geklopft, um sich in seiner ganzen »Pracht« zu präsentieren. Die gerufene Polizei klopfte zuerst an die Tür von Mars. Und weil der so ähnlich aussieht wie Lee (zumindest für Laien), identifizierten die Zeugen ihn als Täter. Pech für Mars, Lee soll angeblich heute noch lachen.

Axl Rose von Guns N' Roses ist so etwas wie der Weltmeister im Verhaftetwerden, angeblich durfte er über 20-mal staatliche Obhut genießen, was bereits in seinen Teenager-Jahren begann. Laut einem Schulfreund saß Axl, damals noch William Bruce Rose jr., in seiner Schulzeit mehrfach in Jugendgewahrsam, weil er die unangenehme Angewohnheit besaß, Dinge sinnlos zu zerstören. Später verlegte er sich von Gegenständen auf Menschen und saß mehrfach wegen Körperverletzung ein. Unter seinen Opfern waren Security-Mitarbeiter, Journalisten, seine Nachbarn und Fans. Kleiner Hitzkopf, was? Sein Kollege Slash alias Saul Hudson wurde 1985 gemeinsam mit Axl von der Polizei gesucht, weil Rose ein 15-jähriges Mädchen namens

Michelle verführt hatte (allerdings nicht jene Schulfreundin von Slash aus dem Song »My Michelle«) und der Gitarrist irgendwie involviert gewesen sein soll. Die beiden versteckten sich vor der Polizei im Haus ihrer Managerin, der Fall wurde kurz darauf wegen Mangels an Beweisen eingestellt. 1999 hockte der Mann mit dem Zylinder noch einmal im Knast, dieses Mal wegen häuslicher Gewalt. 1987 konnte Slash keine justiziable Mitschuld am Tod seines alten Freundes Todd Crew (Bassist bei Jetboy) nachgewiesen werden. Die beiden trafen sich in New York, Crew hatte sich gerade von seiner Langzeitfreundin getrennt und war dementsprechend schlecht drauf. Die beiden gingen Pizza essen, besuchten den Central Park und konsumierten sehr wahrscheinlich ordentliche Mengen Heroin. Nachdem die beiden 18 Stunden gemeinsam verbracht hatten, kollabierte Crew plötzlich und starb im Alter von 21 Jahren in den Armen von Slash. Der beschreibt in seiner Biografie, dass die anschließende Beerdigung ein Horrortrip für ihn war, da ihn die Verwandten und Freunde für den Tod des Musikers mindestens mitverantwortlich machten. Was hattest du erwartet, Slash? Ex-Gitarrist Izzy Stradlin sorgte im Jahr 1989 für Aufsehen, als er während eines Inlandfluges schwer betrunken eine Stewardess anpöbelte und in den Gang des Fliegers pinkelte, weil er sich nicht in die Schlange vor dem Klo begeben wollte. Ein Jahr auf Bewährung lautete die Strafe, die die anderen Mitglieder von Guns N' Roses eher belustigte. Schlagzeuger Steven Adler, bis 1990 in der Band, wurde gefeuert, weil er sich dank seiner Drogenabhängigkeit nicht mehr konzentrieren konnte. Muss man in diesem

Chaotenhaufen auch erst mal schaffen. Adler verklagte seine Ex-Band daraufhin und erhielt mehr als zwei Millionen Dollar plus eine Beteiligung an allen Einnahmen, die auf Musik basieren, an der er mitgewirkt hat. Öffentlich echauffierte sich Adler über seinen Rauswurf, wurde nicht viel später aber wegen Heroinbesitzes festgenommen. Mitte der Neunziger folgten mehrere Anklagen wegen häuslicher Gewalt, die seine musikalische Karriere (zumindest im größeren Rahmen) endgültig ruinierten. Denn wer im Knast sitzt, kann nicht auf Tour gehen. Heute spielt Adler die alten Songs seiner Ex-Band nach, tingelt durch die Clubs und das Reality-TV.

In Litauen hat man derweil ganz andere Probleme. In der Stadt Kaunas sollten 2016 Iron Maiden auftreten. Dies wurde mit dem damals aktuellen Tourplakat beworben, auf dem Eddie in der Inkarnation vom Cover des Albums »The Book of Souls« sein eigenes Herz in Richtung des Betrachters hält. Das fand der Rat der Stadt überhaupt nicht lustig und ordnete an, die Plakate umgehend zu entfernen, da das Motiv nicht für Kinderaugen geeignet sei. Kein Einzelfall, rund ein Jahr zuvor waren Eltern aus Berlin-Kreuzberg wegen eines Werbeplakates für »The Book of Souls« auf die Barrikaden gegangen. Es hing in der Nähe eines Kindergartens und sei »schädlich für Kinderseelen«. Ob Rolf Zuckowski mit seiner nicht Pleite gehen wollenden Weihnachtsbäckerei nicht viel mehr Kinderseelen auf dem Gewissen hat, müssen Fachleute klären.

Apropos schwarze Pädagogik. Der Endgegner war für viele Death- und Black-Metal-Bands ab 1993 die saarländische

Lehrerin, Grünen-Politikerin und Friedensaktivistin Christa Jenal. Die legte sich gleich mal mit der ganzen Szene und dem Musikmagazin »Rock Hard« an, da sie wenig Verständnis für, aus ihrer Sicht, gewaltverherrlichende Musik und Texte hegte. Und was macht man in Deutschland, wenn man persönlich etwas nicht mag und problemlos ignorieren könnte, Tausende andere es aber sehr gut finden? Genau, man versucht es zu verbieten. Die Vorsätze und Absichten von Frau Jenal mögen gut und richtig gewesen sein, ihr Mittel der Durchsetzung war es definitiv nicht. Denn Jenal klagte gerne (unter anderem auch gegen einen Museumsneubau in Saarbrücken und den Künstler Gottfried Helnwein für dessen Nähe zu Scientology) und sah sich noch viel lieber im Fernsehen, wo sie unter anderem gegen die Gangster-Rapper und verifizierten Kinderverderber Die fantastischen Vier wetterte. Ja, man muss wissen, wo der Feind steht. Auch wenn er aussieht wie eine Gruppe niemals erwachsen werdender Gymnasiasten mit Schüttelreim-Fetisch. Die Fantas waren aber schnell vergessen, als die Saarländerin auf den Heavy Metal stieß und sich endlich mal so richtig austoben konnte. Wem sie da nicht alles an die Karre fahren wollte. Den Portugiesen Moonspell zum Beispiel, weil die in ihrem Song »Opium« Drogen verherrlichen und zum zügellosen Konsum aufrufen würden. Ihre Beschwerden sorgten dafür, dass die Büros von Century Media durchsucht wurden, wo man wahrscheinlich nicht viel mehr fand als ein paar abgelaufene Joghurts im Kühlschrank. Aber klar, wer Drogenmusik veröffentlicht und vertreibt, hat bestimmt ein paar Kilo

Heroin im Keller. Moonspell-Sänger Fernando Ribeiro musste der damaligen Lehrerin für Englisch und Geschichte (haha) in einem offenen Brief erklären, dass es in dem Song um den Dichter Fernando Pessoa (1888–1935) geht, der zu den bedeutendsten Schriftstellern des 20. Jahrhunderts gehört. Jenal machte keinen Unterschied zwischen irgendwelchen Schattierungen, sie wütete einmal quer durch die Extrem-Metal-Szene und wieder zurück. So bezeichnete sie die weit links stehenden Napalm Death als faschistoid, auch die völlig unpolitischen Obituary mussten sich diesen Vorwurf gefallen lassen.

Umso größer muss die Freude bei Jenal gewesen sein, als sie (wie auch immer) auf die Band Cannibal Corpse stieß. Die wohl erfolgreichste Death-Metal-Band aller Zeiten mit ihrem Splatter-Fetisch hat einen Teil ihres Ruhms auch der unermüdlichen Arbeit der saarländischen Lehrkraft zu verdanken. Denn ab 1993 erwähnte Jenal die US-Amerikaner in jedem ihrer Auftritte und malte deren Texte in den schönsten Farben (sehr viel Rot) aus. Die Jugend bedankte sich für den Tipp und kaufte Corpse-Alben wie bekloppt. Endlich war der Metal mal wieder gefährlich und verrucht. Jenal erreichte zudem leider auch, dass die Cover nur für die deutschen Veröffentlichungen (so etwas gibt es in dieser Ausprägung sonst vielleicht noch in Ländern wie Russland, der Volksrepublik China oder Nordkorea) abgeändert und entschärft werden mussten. Außerdem fanden sich nur in den deutschen Booklets keine Texte mehr. Und das alles, weil eine einzige Frau irgendwo in der Republik nicht damit einverstanden war. Doch damit nicht genug, sie erreichte zudem, dass das Album »Butchered at Birth« (1991) auf dem Index landete und mehrere Konzerte der Band 1995 in Deutschland aufgrund behördlicher Auflagen abgesagt werden mussten. Darunter nicht nur ein Gig in ihrer saarländischen Heimat, sondern auch Shows in München oder Essen. Daraufhin bekam sie Morddrohungen per Telefon, was natürlich auch nicht die feine Art ist. Sie selbst war so oder so sehr zufrieden mit sich und meinte dem Journalisten Philip Akoto gegenüber: »Langfristig ist es jedoch so, dass Cannibal Corpse mit dem Scheiß, den sie über die Jahre fabriziert haben, keine Tournee mehr auf die Beine kriegen. Das werde ich mit Sicherheit verhindern.« Hüstel, klarer Fall von Selbstüberschätzung, denn Cannibal Corpse touren bis heute regelmäßig durch Deutschland, und das vor ausverkauften Rängen. Es kräht auch kein Hahn mehr nach den Texten (die seit 2006 in der Regel komplett dargebracht werden dürfen), da man sie dank des kehligen Gegrunzes von George Fisher ja sowieso nicht versteht. Das war auch schon das Argument, dass die Band in den Neunzigern vorbrachte, Bassist Alex Webster gab sogar öffentlich zu, dass die indizierten Songs in Deutschland gespielt würden, aber nicht mehr mit Titel angesagt. Darauf wurde er persönlich von Frau Jenal angezeigt. Ohne größere Folgen. Doch der Stachel bei der Vorkämpferin für gewaltfreie Songtexte muss tief sitzen, noch 2019 schrieb sie die Bürgermeister mehrerer deutscher Städte an, sie mögen doch bitte den Auftritt in ihrer Stadt verbieten, was diese aber geflissentlich ignorierten. Irgendwann ist selbst in deutschen Amtsstuben mal Schluss mit der Bevormundung. 2023 landete das offizielle »Cannibal-Corpse-Malbuch« in Deutschland auf dem Index, ob mit oder ohne die Hilfe von Christa Jenal ist unbekannt. Damit war es nicht möglich, das Buch mit deutscher Lieferadresse zu bestellen. Fans fanden natürlich trotzdem Mittel und Wege, sich das Kleinod mit diversen Cover-Abbildungen zu organisieren. In Zeiten von Internet kein wirkliches Problem mehr. Es soll aber auch nicht unter den Tisch fallen, dass Jenal im Laufe ihrer nicht enden wollenden Karriere als Kämpferin für die von ihr selbst aufgestellten Regeln auch positive Mitnahmeeffekte bewirkte. So schwärzte sie eine Webseite an, die rechtsradikales Gedankengut verbreitete. Und auch dem rechtsgerichteten Vertrieb Rock-O-Rama flatterte eine Anzeige ins Haus. Blöd nur, wenn man im Übereifer Leute ans Messer liefert, die sich im Sinne von Recht und Verfassung nichts zu Schulden haben kommen lassen. Geschmack ist eben, äh, Geschmackssache und soll es auch bleiben. Auf der anderen Seite gehören Zensurversuche zur Rockmusik wie der

Weißwein ins Käsefondue. Schon Elvis Presley wollte man seinen zu aufreizenden Hüftschwung verbieten. Alles zum Wohl der Jugend, versteht sich. Und die aktuelle Jugend ist sowieso immer viel schlimmer als ihre Vorgänger.

So sieht man das auch in China, wo 2013 Metallica zum ersten Mal überhaupt Halt machten. In der, Achtung!, Mercedes-Benz-Arena in Shanghai durften verschiedene Songs nicht gespielt werden, darunter auch »Master of Puppets«, weil es in dem Text um Drogen geht. Hetfield und Co. machten sich einen Spaß daraus, zwischendurch immer mal wieder das prägnante Riff anzuspielen, was von den behördlichen Aufpassern natürlich niemand registrierte. Lars Ulrich sagte später in einem Interview sogar, dass er die Zensurmaßnahmen okay fand. Na ja, Lars Ulrich halt. Als Fan vor der Bühne hätte er es vielleicht nicht so toll gefunden. Megadeth mussten in China die gleiche Erfahrung machen. Manche Songs wie »Angry Again« (könnte zum Aufruhr animieren) oder »Holy Wars« (Religionskrieg, immer schwierig) fehlten ganz, bei anderen wurden Textzeilen weggelassen. Als der Song »Peace Sells ... But Who's Buying« angestimmt wurde, soll das Konzert sogar abgebrochen worden sein. Logisch, ein Antikriegssong in China passt einfach nicht ins Konzept der Machthaber.

Ob die Jenals dieser Welt es jemals blicken werden, dass sie das Verfemte nur noch interessanter machen, wenn sie es aus ideologischen, machtpolitischen oder religiösen Gründen verbieten? Wahrscheinlich nicht. Mögen sie in Frieden weiter klagen, ohne jemals wirklich etwas zu erreichen.

Metal-Songs über Knast und Knarren I

Ist Ricky aus »18 and Life« gar nicht so unähnlich, nur bedeutend älter. Sebastian »Willste Ärger?« Bach.

Der Heavy Metal kam ursprünglich aus der Arbeiterbewegung, das war ein paar Jahrzehnte vor Metal-Kreuzfahrten, Meet and Greets für 500 Euro und ähnlichem Humbug. Und da die Arbeiterklasse aufgrund von schlechterer Bildung, übleren Jobs und geringeren Bargeldvorräten immer mit einem ungewaschenen Bein im Knast stand, verwundert es nicht, dass es im harten Sektor auch eine ganze Menge Songtexte über den Zusammenstoß mit der Staatsmacht gibt. Manche sind fiktiv, andere sprechen aus Erfahrung. Hier werden die ersten fünf von zehn stählernen Hits mit Verbrechensbezug vorgestellt, die allesamt noch keinen Rost angesetzt haben. Natürlich gibt es noch viel mehr solcher Texte, Klugscheißer. Aber das hier ist ein Buch und nicht das Internet.

1. Iron Maiden – »Hallowed Be Thy Name« (1982)

Einer der wohl bekanntesten Knast-Songs stammt von Iron Maiden. In »Hallowed Be Thy Name« beschreibt Bruce Dickinson die letzten Momente eines zum Tode verurteilten aus der Ich-Perspektive, was den Vortrag umso intensiver macht. Schon sein Vorgänger hatte sich an Gefängnispoesie versucht, »Running Free« (1980) beschreibt ebenfalls aus der Ich-Perspektive einen Jugendlichen, der schließlich im Knast landet. Dickinsons Vortrag ist um ein Vielfaches ergreifender, wenn sich die zum Tod am Galgen verurteilte Person fragt, was in ihrem Leben schiefgelaufen ist, wo Gott ist und ob es am Ende nicht doch nur ein Albtraum sein könnte. Musik und Text stammen von Bassist Steve Harris, es ist einer der bekanntesten Songs von Iron Maiden. Harris wurde für die philosophischen Momente des Textes gelobt, bis sich 2011 zwei Mitglieder der englischen Rock-Band Beckett meldeten. Sie hatten mit ihrer Combo 1974 ein Album veröffentlicht und waren danach wieder in der Versenkung verschwunden. Fast 30 Jahre später fielen ihnen dann aber textliche Überschneidungen mit einem eigenen Song namens »Life's Shadow« auf. Und siehe da, es gab doch erstaunliche Zufälle. Mit Rod Smallwood hatten Beckett und Iron Maiden den gleichen Manager, zudem konnte nachgewiesen werden, dass Harris als Teenager, ein Jahr bevor er Maiden gründete, ein Konzert von Beckett besucht hatte, wo »Life's Shadow« gespielt wurde. Maiden verzichteten eine Zeit lang darauf, »Hallowed Be Thy Name« live zu spielen und einigten sich 2018 schließlich außergerichtlich. Zahltag für zwei mehr oder minder unbekannte Musiker. Harris selbst versuchte die Sache klein zu halten (was ihm gelang), in einem Statement meinte der zuständige Anwalt, Steve habe die Textpassagen als »Platzhalter« eingesetzt und später keine Zeit mehr gehabt, sie durch eigene Zeilen zu ersetzen. Ach was? Der Mann kann froh sein, dass im Vereinigten Königreich auf Urheberrechtsverletzungen nicht die Todesstrafe steht.

2. Skid Row – »18 and Life« (1989)

Auf ihrem Debüt spielen bei Skid Row noch große Brüste und weitere Annehmlichkeiten der weiblichen Anatomie die

Hauptrolle. »18 and Life« bildet eine der Ausnahmen, denn hier tritt Ricky aufs Tableau. Der ist ein gerade mal aus der Schule gekommener Raufbold aus einem schlechten Viertel der Stadt. Immer betrunken, immer auf der Suche nach Ärger. Und immer bewaffnet. Es passiert, was passieren muss, er ballert bei einer Party (so legt es der Videoclip nahe) in der Gegend herum und erwischt einen Freund, der umgehend tot umfällt. Bevor der nicht sonderlich helle Ricky begreift, was passiert, sitzt er auch schon im Knast und sieht sich mit einer lebenslangen Haft konfrontiert. Sein Kommentar dazu: »Unfälle passieren halt.« Dieser durchaus realistische Text aus der Feder von Gitarrist Dave »The Snake« Sabo soll sich an einem Zeitungsartikel über ein ähnliches Vorkommnis orientiert haben. Tatsächlich, so erzählte Sabo viele Jahre später in einem Interview, sei sein Bruder Rick (ergibt Sinn) das Vorbild. Der kam aus dem Vietnamkrieg wieder, bekam kein Bein mehr auf die Erde und landete ebenfalls im Knast. Wenn auch nicht für Mord oder Totschlag. »18 and Life« ist die bis dato erfolgreichste Single von Skid Row, erreichte in den USA Platz vier der Billboard Charts und wurde in ihrem Heimatland mit Gold ausgezeichnet. Der damalige Frontmann Sebastian Bach machte in den folgenden Jahren mehrmals Bekanntschaft mit dem Leben hinter Gittern, allerdings brachte er es über die Jahre verteilt bislang nur auf ein paar Monate. Der typische Promiquatsch, Kneipenschlägerei hier (er soll einen Barkeeper gebissen haben), Drogenbesitz da, Bedrohung dort. Business as usual.

3. Saxon – »Strong Arm of the Law« (1980)

Ja, Onkel Biff erzählt in den Sachsen-Songs ja immer gerne Geschichten, die wirklich geschehen sind. Heute sind es oft historische Stoffe, als junger Bengel war er noch unkreativer und berichtete einfach, was ihm und seiner Band so passierte. Ob sie mit dem Flieger fast abgeschmiert waren (»747 (Strangers in the Night)«), er ein neues Moped geschenkt bekommen hatte (»Wheels of Steel«) oder es bei einem Open Air mal regnete (»And the Bands Played On«), nichts konnte zu banal oder langweilig sein, dass es nicht einen Saxon-Klassiker zieren durfte. Dazu ein Tässchen Tee, passt schon. Im Titelstück des Albums »Strong Arm of the Law« erwartet man vielleicht ein Sondereinsatzkommando, das sich von der Dachrinne abseilt, durch die geschlossenen Fenster im siebten Stock springt und nach einer wilden Schießerei eine ganze Bande Drogenbosse einkassiert. Von wegen. Im Text geht es darum, dass die Band von einem Gig nach Hause fährt, als plötzlich hinter ihnen, oh Graus, Blaulichter aufleuchten. Rechts ran, alle Mann raus. Aufgrund der Optik der Insassen vermutet der starke Arm des Gesetzes, das Auto sei voller Drogen. Saxon, irgendwo auf 'nem englischen Highway zwischen Kingston upon Hull und Stoke-on-Trent, im Nieselregen. Mann, das sind doch nicht Mötley Crüe! Trotzdem nimmt er die Karre auseinander, obwohl Biff ihm versichert, der einzige Speed wäre unter der Motorhaube zu finden. Schöner Scherz, eigentlich. Das Ende vom Lied (im wahrsten Sinne des Wortes) ist, dass die langhaarige Meute weiterfahren darf. Klappe und Ende. Seien wir ehrlich:

Biff hätte auch davon singen können, wir er in den Keller geht, um Kartoffeln zu holen; der Spannungsbogen wäre ähnlich verlaufen.

4. Testament – »Seven Days of May« (1990)

Mit den bisher besprochenen Kinkerlitzchen halten sich die Bay-Area-Thrasher von Testament in »Seven Days of May« erst gar nicht auf. In ihrem Text geht es nicht um ein paar vermeintliche Ganoven, sondern gleich um einen ganzen Staat, der sich des Mordes, des Totschlags und der Freiheitsberaubung schuldig macht. Gut, an dieser Stelle könnte jetzt so ziemlich jedes Land auf diesem Planeten folgen, es geht aber tatsächlich um China und das Massaker auf dem Platz des himmlischen Friedens, offiziell Tian'anmen-Massaker, im Jahr 1989. Die Älteren erinnern sich, in diesem Jahr brach das kommunistische Systems des Ostblocks mehr oder minder zusammen. Die chinesische Jugend sah sich davon inspiriert und demonstrierte ebenfalls für mehr Freiheit. Anders als in Russland oder der DDR, wo der Prozess relativ unblutig verlief, fuhr die chinesische »Volksbefreiungsarmee« Panzer auf. Wie viele Menschen dabei zu Tode kamen, ist unklar, die Zahlen schwanken bis heute zwischen mehreren hunderten und mehreren tausend. Die beiden Texturheber Chuck Billy und Alex Skolnick nennen die jungen Menschen in China in ihrem Song »politische Gefangene von Geburt an«, bezeichnen die Regierung als Kriminelle und prangern 40 Jahre Unterdrückung an. Schwere Geschütze und wahrscheinlich echte, tagesaktuelle Entrüstung. Das Land China wird an keiner Stelle genannt, aber das Thema ist auch so klar. Viele Fans fragten sich, warum das Stück »Seven Days of May« heißt, das eigentliche Massaker fand nämlich in den ersten Juni-Tagen statt. Aber auch im Mai gab es bereits Hungerstreiks und große Protestkundgebungen. Vermutlich fand sich kein passendes Wort, das sich auf »June« reimt. Was mit »May« und »Pain« allerdings auch nur leidlich gelang. Testament mussten damals aufgrund der bevorstehenden Europa-Tour (der später legendären »Clash-of-the-Titans«-Shows mit Slayer, Megadeth und Suicidal Tendencies) das komplette Album »Souls of Black« in nur zehn Wochen komponieren und aufnehmen. Da rutschen einem Details schon mal durch.

5. Thunderhead – »Busted at the Border« (1990)

Von Verbrechen auf der Weltbühne zurück zu schmierigen Kleinkriminellen. Und den verkörperten wenige Frontmänner so gut wie Ted »Bullet« Pulit. Der Ami mit der Reibeisenstimme und der Straßengangster-Attitüde, der irgendwie in Niedersachsen und dann bei Thunderhead gelandet war, passte einfach perfekt zum Image der zwielichtigen Halunken mit großem Herz und noch größerer Klappe. Im Titelsong des zweiten Albums »Busted at the Border« berichtet Bullet davon, wie er mit dem Auto nach Mexiko fährt, um ein paar »Geschäfte« zu machen. Es folgen ein paar Anspielungen, um was es sich handeln könnte (Drogen, zwinker, zwinker), bevor sich der Ich-Erzähler mit dem Auto auf den Rückweg nach

Detroit macht. Kurz vor dem Grenzübergang Blaulicht hinter ihm, das war es dann. In der zweiten Strophe sitzt er seit acht Stunden im Knast, sein Anwalt hat ihn hängen lassen, die Kaution kann er nicht zahlen. Am Ende gibt es 20 Jahre Freiheitsentzug, bei guter Führung ist er vielleicht nach zehn wieder draußen. Er verabschiedet sich vom Tageslicht und fährt ein. Ach, wenn es doch immer so einfach wäre. Im echten Leben war Mr. Bullet, der mit seiner Familie mittlerweile in England lebt, als Hausmeister arbeitet und nie wieder Rock und Metal singen möchte, ebenfalls ein Freund der Gesetzesübertretung. Von diversen bewusstseinserweiternden Mittelchen mal abgesehen, beschwerte sich der Frontmann in Interviews auch gerne über die bescheidene finanzielle Situation seiner Band. Er müsse, so Bullet, im Supermarkt schon mal ein Steak mitgehen lassen, um überhaupt was Vernünftiges zu futtern zu haben. Mundraub bei Rockstars, auch kein alltägliches Verbrechen.

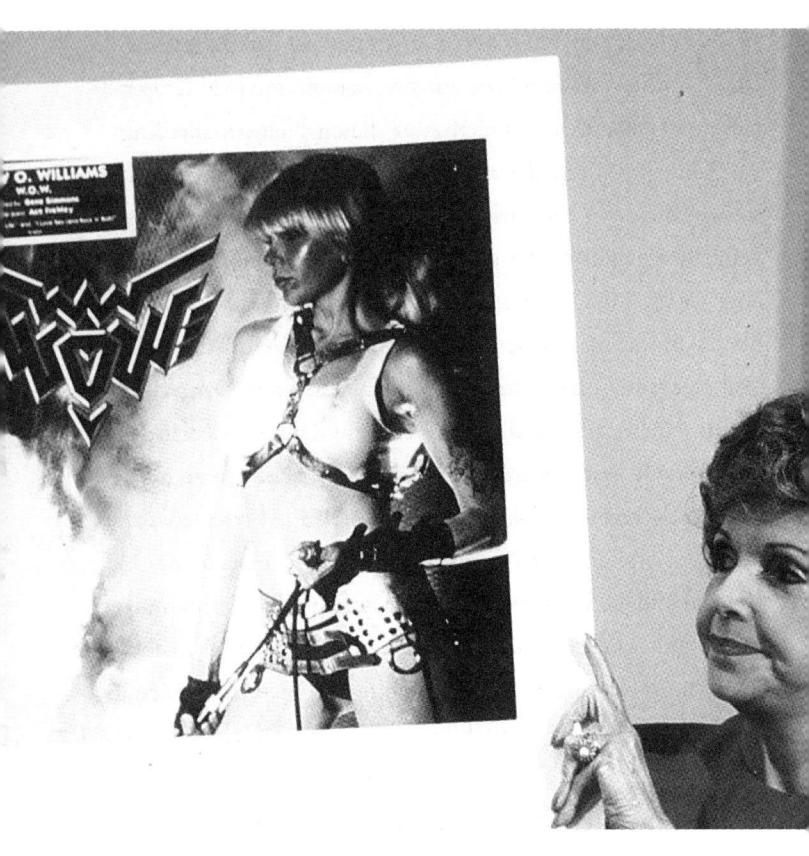

Strafakte 3
Suizidale Tendenzen

Die PMRC findet Wendy O. Williams zu sexy für die Jugend. Die Jugend sieht das anders.

Der Naseweiß unter der Leserschaft wird den Bandnamen in dieser Überschrift erkannt haben. Suicidal Tendencies aus Venice Beach tragen zwar diesen Namen, allerdings sind alle vier Mitglieder des Debüts zum Zeitpunkt des Entstehens dieses Textes noch am Leben. Von ihnen hat sich also keiner weggehängt oder auf den Schienen den nächsten Zug abgewartet. Leider kommt dies auch in der Metal-Szene wie überall immer mal wieder vor, die Selbstentleibung ist eine Art Volkssport mit einer extrem hohen Dunkelziffer. Denn Stürze aus dem Fenster und auch Verkehrsunfälle werden in der Statistik mit wenigen, ganz eindeutigen Ausnahmen gerne als »Unfälle« verbucht. Dabei ist das freiwillige Übersetzen über den Fluss Styx in vielen Ländern, darunter Deutschland, Österreich und die Schweiz, keine Straftat. Die Selbstbestimmung ist ein Menschenrecht und steht damit über anderen Rechtsnormen. Auch Anstiftung und Beihilfe sind hierzulande keine Straftaten, wer aktive Sterbehilfe leistet, kann jedoch im Knast landen. Klingt kompliziert, deshalb hier zwei kurze Beispiele zur Verdeutlichung, wenn auch stark vereinfacht: »Würdest du mir bitte mal die geladene Waffe reichen, ich würde mich gerne exekutieren.« »Natürlich. Hier.« »Danke.«

Bumm. »Bitte.«

Ergebnis: Keine Anklage.

»Würdest du mir bitte die geladene Waffe an die Rübe halten und abdrücken, zum Zwecke meiner Exekution?«

»Natürlich. Hier.«

»Danke.«

Bumm. »Bitte.«

Ergebnis: Anklage.

In anderen Ländern ist das zum Teil anders geregelt, aber dazu kommen wir später noch. Erst mal gilt es den Metal-Helden Tribut zu zollen, die aus den verschiedensten Gründen durch eigenes Zutun aus dem Leben schieden. Wie zum Beispiel Ingo Schwichtenberg, Mitbegründer und für ein Jahrzehnt das Uhrwerk von Helloween. Der gebürtige Hamburger war bereits beim Helloween-Vorläufer Gentry mit dabei und prägte mit seinem Spiel den Sound der Kürbisköpfe in der wichtigsten Phase. Seine Bandkollegen hatten ihm den Spitznamen »Mr. Smile« verpasst, weil es wirklich kaum eine Aufnahme von ihm gibt, auf der er nicht lächelt. In ihm drin sah es leider ganz anders aus, was letztlich zu seinem frühen Tod führte. Seine Entlassung bei Helloween im Jahr 1993, als sie schon längst nicht mehr die Helloween waren, wird die Sache nicht besser gemacht haben, aber das ist Spekulation. Fakt ist, dass Schwichtenberg schon länger größere Probleme mit Alkohol, Marihuana und Kokain hatte, dazu litt er unter schweren Depressionen, nach einem Zusammenbruch auf der Bühne wurde eine angeborene Schizophrenie diagnostiziert. Er nahm Stimmen wahr, die außer ihm niemand hörte, er sah den Teufel und ähnliche Dinge. Laut dem damaligen Gitarristen Roland Grapow war eine Zusammenarbeit irgendwann so gut wie unmöglich. Wie immer lässt sich an dieser Stelle die Frage nach Ursache und Wirkung stellen. Nahm er die Drogen, um seine psychischen Probleme zu bekämpfen, oder wurden die erst durch die Drogen so richtig schlimm? Fakt ist, dass sich Schwichtenberg zwar in Behandlung begab, seine Medikamente aber nicht nahm und gleichzeitig den Drogen treu blieb. Er misstraute den Ärzten, die ihn vielleicht hätten retten können. Am 8. März 1995 warf sich Schwichtenberg in Hamburg vor eine einfahrende S-Bahn und war sofort tot. Er wurde nur 29 Jahre alt. Anders als andere Bands haben Helloween ihren alten Mitstreiter bis heute nicht vergessen. Auf den letzten Touren lieferte er sich via Videoleinwand und alten Aufnahmen einen Drummer-Wettstreit mit seinem Nachnachnachnachfolger Dani Löble.

Wendy O. Williams von den Plasmatics, die musikalisch eher aus dem Punkrock kam, wurde dank ihrer Optik (viel Leder, mehr Haut) und der Zusammenarbeit mit Lemmy von Motörhead und Kiss aber von vielen in die Metal-Schublade gepackt. Die Presse dachte sich zu Beginn der 1980er Jahre so wundervolle Namen wie »Queen of Shock Rock oder »High Priestess of Metal« aus, was auch daran lag, dass die in vielerlei Hinsicht extreme Williams oftmals mit einer Kettensäge bewaffnet halbnackt auf der Bühne herumsprang, manchmal auch nur mit Rasierschaum »bekleidet«. Dafür erhielt sie kurze Gefängnisstrafen, genau wie für Ladendiebstahl, das Nichtbezahlen von Strafzetteln oder Körperverletzung. Nebenbei arbeitete sie als Sexfilmdarstellerin und Playboy-Modell und wechselte dann mehr oder minder ins ernstere Fach. Sie taucht unter anderem in dem Kultfilm »Eat the Rich« und der TV-Serie »MacGyver« auf. Dafür, dass ihre Karriere nicht viel länger als zehn Jahre dauerte (von 1979 bis 1990), wirbelte die Dame ziemlich viel Staub auf. 1991 zog sie sich mit ihrem langjährigen Partner komplett aus dem Showgeschäft zurück und arbeitete als Wildtierpflegerin. Die Veganerin und nach diversen heftigen Drogenabenteuern in der Jugend komplett cleane Williams (man durfte in ihrer Gegenwart nicht mal rauchen) hatte ihre Berufung gefunden. Trotzdem litt sie, was viele nicht wussten, unter starken Depressionen. Ihren ersten Selbstmordversuch unternahm sie 1993, indem sie sich ein Messer in die Brust rammte. Dies blieb in ihrem Brustbein stecken, sie verständigte ihren Partner, der sie ins Krankenhaus brachte. Der nächste Versuch erfolgte 1997 mit einer Überdosis Tabletten, auch das ging schief. Am 5. April 1998 sollte sie im Alter von 48 schließlich Erfolg haben. Sie ging in den Wald, fütterte noch ein paar Tiere und schoss sich dann in den Kopf. Allerdings nicht, ohne sich vorher eine Tasche über den Kopf gezogen zu haben (wegen des unschönen Anblicks). In ihrem Abschiedsbrief beschreibt sie ihre Tat nicht als Affekthandlung, sie habe seit Jahren gewusst, dass es so kommen werde. Neben diesem Brief hinterließ sie ihrem Partner (der sie fand) einen Liebesbrief und eine Liste, was noch zu erledigen ist. Sehr praktisch gedacht. Wer genau hinhört, wird auf dem Motörhead-Livealbum »Everything Louder than Everyone Else« (1999) Lemmys genuschelte Ansage entdecken, wie er Wendy das Lied »No Class« widmet. Und ja, das war nett gemeint.

Weitaus weniger gut dokumentiert ist das Ableben von Scott Columbus, dem langjährigen Schlagzeuger von Manowar. Der saß von 1983 bis 1990 und von 1993 bis 2008 hinter den Kesseln der Muskelmänner, ist also an einigen wirklich wichtigen Alben dieser Band beteiligt. 1990 musste er eine Pause einlegen, angeblich weil sein Sohn schwer erkrankt war. Später dementierte Columbus diese Aussage von Manowar und erklärte, sein Sohn sei nie krank gewesen. Was da hinter den Kulissen los war, wissen nur die Beteiligten, ganz aufgeklärt wurde es nie. Fakt ist, dass der Musiker auf einer Gemüsefarm arbeitete und in einer Hobby-Band spielte. Auch warum sich Columbus nach so einer gewaltigen Lüge seiner angeblichen Metal-Brüder bereits drei Jahre später wieder im Lineup befand, ist nicht klar. Gut, sein Kartoffelstampf-Stil passt nicht zu vielen Bands, aber irgendwas hätte sich schon gefunden. Nach 15 weiteren Jahren in der Combo gab es 2008 eine Aussprache mit Band-Alleinherrscher Joey DeMaio, die dazu führte, dass Columbus wieder seine Stöcke nehmen musste. Und dieses Mal endgültig. Manowar, die in dieser Zeit eh eine Pause einlegten, verkündeten den Ausstieg erst zwei Jahre später, was Columbus aber nicht weiter verwunderte. Er sagte in Interviews, er habe seinen Ausstieg selbst angeboten, er habe eine tolle Karriere mit der Band gehabt und noch einige musikalische Pläne. Unter anderem eine mögliche Kollaboration mit Ross »the Boss« Friedman (Originalgitarrist, der Manowar bereits 1988 verlassen hatte) und ein gemeinsames Projekt mit dem deutschen Schriftsteller Wolfgang Hohlbein, für das schon erste Stücke geschrieben waren. Dazu sollte es allerdings nicht mehr kommen, Columbus nahm sich am 4. April 2011 im Alter von 54 Jahren aus nie geklärten Umständen das Leben. Seine älteste Tochter Teresa, die auch eine Facebook-Seite zum Andenken an ihren Vater betreibt, deutet in ihren Posts immer mal wieder etwas an. Depressionen müssen wohl eine Rolle gespielt haben. Erst 2020 bestätigte sie überhaupt erstmals offiziell, dass es sich um Selbstmord gehandelt hatte. Zuvor war immer nur von seinem Tod die Rede gewesen, wobei es in der Metal-Szene viele Gerüchte in diese Richtung gab. Manowar verabschiedeten sich mit dem üblichen Pathos von ihrem alten Weggefährten und lassen ansonsten am liebsten Gras über die Sache wachsen. Kein unübliches Vorgehen dieser Band, wie wir in Strafakte 6 noch sehen werden.

Ein weiterer sympathischer, offener und von allen als lebenslustig beschriebener Metal-Head war Mike Howe, Sänger von Metal Church. Mit seiner einzigartigen Stimme veredelte er die Alben der Metal-Kirche von 1989 bis 1993 und von 2016 bis 2020. Nicht zu vergessen seine frühere Band Heretic, mit der er 1988 das unterschätzte Album »Breaking Point« auf Metal Blade veröffentlichte. Howe machte allerdings nie einen auf Rockstar, gab sich, wie Columbus auch, in Interviews nahbar und freundlich. Sein Ausstieg bei Metal Church Mitte der Neunziger war selbst gewählt, ihm gefiel die vermeintlich kommerzielle Ausrichtung des Managements nicht. Also kümmerte er sich um seine Familie und arbeitete Vollzeit als Zimmermann. Offenbar ein erfülltes Leben, aus dem er 2016 überraschend zurückkehrte, um einen zweiten Anlauf mit Metal Church zu wagen. Heraus kamen zwei Studioalben, ein

Livemitschnitt und eine Compilation, bevor sich Howe am 26. Juli 2021 in seinem Haus in Kalifornien das Leben nahm. Er wurde 55 Jahre alt. Alkohol und Drogen spielten dabei keine Rolle, später wurde unter anderem vermutet, dass seine chronischen Rückenschmerzen und die teure Therapie, die er nicht mehr bezahlen konnte, ein Grund für diesen Schritt gewesen sein mögen. Außerdem litt er wie alle auf diesen Seiten vorgestellten Personen an Depressionen.

Das gilt auch für Trevor Strnad von The Black Daliah Murder. Seine ureigenen Bewegungen zum Death Metal seiner Band werden wohl ewig in Erinnerung bleiben. 2021 berichtete er in einem Interview über schwere Depressionen und eine zurückliegende Alkoholabhängigkeit, wenige Monate später war er tot. Seine Band verkündete sein Ableben und gab als Datum den 10. Mai 2022 an. Eine Todesursache wurde nie bestätigt, allerdings enthielt die Nachricht der Band zusätzlich die Nummer einer Hotline zur Suizidpräventionshilfe, was die Sache klar machte. Strnad, der als wandelndes Metal-Lexikon galt, wurde nur 41 Jahre alt. Er ging den gleichen Weg wie Gus Chambers von Grip Inc. (2008), Marek Grzeszek von Despair (2013), Justin Lowe von After the Burial (2015) oder Sean Malone von Cynic (2020), um nur einige zu nennen. Gleiches gilt für Musiker aus dem Alternative Genre wie Chris Cornell von Soundgarden oder Chester Bennington von Linkin Park im selben Jahr. Kurt Cobain setzte bereits 1994 in Sachen »Selbstentleibung eines Rockstars« in jeglicher Hinsicht Maßstäbe.

In den allermeisten Staaten ist Suizid oder der Versuch mittlerweile straffrei. Ausnahmen bilden Länder wie Kuwait, Bangladesch oder Malawi. In den USA ist der Akt als solcher ebenfalls nicht strafbar, in manchen Staaten können aber »Begleiterscheinungen« wie die Inanspruchnahme medizinischer Versorgung oder die Gefährdung anderer unter Strafe stehen. Oder man ruft seine eigenen Fans dazu auf, sich selbst das Leben zu nehmen. Das angebliche »Backward-Messaging«, also geheime Botschaften auf Alben zu verstecken, die nur rückwärts abgespielt hörbar werden, aber angeblich in das Unterbewusstsein eindringen, war in den Achtzigern schwer in Mode. Auch völlig unverdächtige Bands wie Queen machten sich einen Spaß daraus, ihre eigenen Songs rückwärts ablaufen zu lassen und lachten sich über die so entstehenden Sprachfetzen kaputt. Dass der Trick bei jedem Album funktioniert und das menschliche Gehirn die unverständlichen Fetzen in etwas Bekanntes umzusetzen versucht, ist logisch. Das Phänomen »Misheard Lyrics« funktioniert nach dem gleichen Prinzip. Aber nichts ist zu albern, um nicht in den USA vor Gericht zu landen. Und wenn man Ozzy Osbourne heißt, schon mal gar nicht. Bereits mit ihrem ersten Hit aus dem Jahre 1970 geriet Black Sabbath ins Kreuzfeuer erboster Kritiker. Die warfen Ozzy vor, seine Fans in den Selbstmord zu treiben. Der Stein des Anstoßes ist eine Zeile aus »Paranoid«. In diesem Song besingt Ozzy seine psychischen Probleme, und dass er eine Frau finden muss, die ihm aus der Misere hilft. In der letzten Strophe verliert er die Hoffnung (der Bengel ist zu diesem

Zeitpunkt gerade einmal 21 Jahre alt, hat noch nichts von der Welt gesehen, vor allem nicht Sharon) und singt: »I tell you to enjoy life, I wish I could but it's too late« (»Ich rate dir, das Leben zu genießen, ich wünschte, ich könnte es, aber es ist zu spät«). Aufgrund von Ozzys schon damals einmaliger Aussprache, dieser Mischung aus gejammertem Nuscheln ge-mixt mit einem deutlichen Brummi-Akzent, verstehen einige konservative Sittenwächter »I tell you to end your life ...« Das ergibt in Verbindung mit der nachfolgenden Zeile überhaupt keinen Sinn, der Vorwurf hält sich trotzdem Jahrzehnte. Ein paar Jahre später erwischt es wieder Ozzy, dieses Mal ist es der Song »Suicide Solution«, der ihn 1986 vor Gericht bringt. Die Eltern des Teenagers John McCollum verklagten den »Prince of Darkness«, da sich ihr Sohn beim Abspielen des Albums »Blizzard of Ozz« (1980) in den Kopf schoss. Eine äußerst zwielichtige Firma namens Bio Acoustics Research, Inc. wollte vor Gericht beweisen, dass in dem Album geheime Botschaften versteckt seien, die psychisch labile Menschen in den Selbstmord treiben sollen. Ozzy zeigte sich ob des Schick-sals des Teenagers betroffen, stellte aber auch die nicht un-wichtige Frage, warum er seine Fans zum Selbstmord aufrufen sollte, dann würde ja niemand mehr seine Platten kaufen. Der Prozess zog sich bis 1988, erhielt viel Medienaufmerksamkeit und gilt als Startschuss für eine Reihe von Anklagen dieser Art. Ozzy wurde schließlich freigesprochen, da das Lied eindeutig von seiner eigenen Alkoholsucht und dem Tod von Bon Scott (AC/DC) handelt. Noch dazu konnten in dem Song keine

»geheimen Botschaften« entdeckt werden. 1991 versuchten die Eltern von Michael Waller, der sich im Alter von 16 das Leben genommen hatte, neun Millionen Dollar von Osbourne zu erstreiten. In diesem Fall ging es nicht um einen bestimmten Song, sondern ganz allgemein um Ozzys »aufwieglerische Texte«. Der Junge war auf dem Weg zu einer privaten Party und hatte nachweislich das Album »Blizzard of Ozz« gehört. Auf der Party fragte er einen Kumpel, ob er ihm dabei zuschauen möchte, wenn er seinen Abschiedsbrief schreibt. Anschließend schoss er erst auf den Kühlschrank des Gastgebers und sich anschließend in den Kopf. Wallers Vater sagte vor Gericht aus, dass er glaube, Ozzy wisse genau, was er mit seiner Musik und Texten anrichten würde. Das Gericht glaubte eher, dass Ozzy nicht mal weiß, was er vor zwei Minuten getan hat, und schmetterte die Klage ab. In Billy Joel's Hit »We Didn't Start the Fire« taucht der Vorfall unter dem Stichwort »Heavy Metal Suicide« als 111. Punkt im Aufzählungstext auf. Genau in diese Zeit fällt übrigens auch die »Satanic Panic«, eine Welle von Berichten (heute sagt man »Fake News« dazu), in denen davon die Rede war, dass unsere gesamte Gesellschaft von satanischen Zirkeln durchsetzt ist, die Kinder grillen und Jungfrauen opfern. Ein paar sehr zweifelhafte Psychiater und andere Quacksalber verdienten sich eine goldene Nase mit irgendwelchen »Rückführungspraktiken«, bei denen die Patienten unter einer Art Hypnose feststellten, dass sie im Alter von drei Jahren oder so ebenfalls Teil satanischer Rituale waren. Nachgewiesener Humbug im Quadrat, aber Nachbeben treten bis heute auf. Zum Beispiel die vermeintliche »Pizzagate«-Affäre in den USA im Jahr 2016, bei der auf Social Media behauptet wurde, im Hinterzimmer einer Pizzeria in Washington würden Satanisten die Nr. 666 (mit Oliven, Fetakäse und Babyherzen) verzehren und nebenbei die Welt lenken.

1990 sahen sich Judas Priest in Reno, Nevada mit genau der gleichen Anklage wie Ozzy konfrontiert. Dieses Mal hieß der Song »Better by You, Better than Me«, eine Coverversion der britischen Blues-Rocker Spooky Tooth. Ein eigentlich harmloser Song, aber auch hier wurden von den Eltern der beiden Teenager James Vance und Raymond Belknap wieder unterschwellige und satanische Botschaften herausgehört. Tenor: Unsere Kinder hätten so etwas ohne diese Musik nie getan. Was war passiert? Die beiden Freunde Vance (20) und Belknap (19) trafen sich 1985 zwei Tage vor Weihnachten auf einem Spielplatz einer Kirche, nahmen Drogen und hörten Judas Priest. Vance sah zu, wie sich Belknap mit einem Gewehr in den Kopf schoss und auf der Stelle starb. Dann nahm er die Waffe und setzte sie unter dem Kinn an. Bei ihm führte der Schuss nicht zum Tod, wohl aber dazu, dass er sich große Teile seines Gesichts weg schoss und fürchterlich entstellt war. Er starb drei Jahre später an einer Medikamentenüberdosis. Der Prozess begann erst im Jahr 1990, die Eltern schilderten, dass ihre Kinder in heilen Familien und vollkommen glücklich aufwuchsen, was schnell widerlegt werden konnte. Beide Teenager waren Außenseiter, depressiv (Belknap in Behandlung), kämpften mit massiven Drogenproblemen und hatten alles andere als ein liebevolles Zuhause. Ihr Selbstmord-Pakt hatte nichts mit Musik, sondern ihrer Lebenssituation zu tun. Der konservative Richter ließ Rob Halford trotzdem einige Zeilen des Stücks im Gerichtssaal singen. Die »unterschwelligen Botschaften«, die der Song enthalten sollte (angeblich war ein »do it«, also »tue es« zu hören), entpuppten sich als natürliche Atemgeräusche von Halford. Die Band, die während des Prozesses komplett anwesend war, wurde freigesprochen. Halford meinte in späteren Interviews, dass die Eltern einen Sündenbock gesucht hätten und sich lieber fragen sollten, warum depressive Teenager zu Hause an eine Schusswaffe kommen.

Wie hätten diese Eltern wohl reagiert, wenn sie mit Type O Negative oder gar Sentenced in Berührung gekommen wären? Die kümmerten sich einige Jahre später überhaupt nicht mehr um guten Geschmack oder einen sensiblen Umgang mit dem Thema. Die US-Jungs von Type O brachten das Shirt-Motiv »Express Yourself – Just Say Yes« heraus (gibt es bis heute in verschiedenen Formen als Shirt, Hoodie, Poster etc.), neben dem Text sind ein Galgen, eine Pistole, Tabletten und eine Rasierklinge zu sehen. Man hat das Grinsen des 2010 verstorbenen Peter Steele (wir werden noch ausführlich von ihm lesen) quasi vor Augen. Die ebenfalls aufgelösten Sentenced aus Finnland gingen wenig subtiler vor, allerdings auch mit einem gerüttelt Maß an schwarzem Humor, der sich vor allem mit dem Einstieg von Sänger Ville Laihiala im Jahr 1996 Bahn brach. In ihren Songs mit Titeln wie »Noose«, »Excuse Me While I Kill Myself«, »Her Last 5 Minutes«, »The Suicider« oder »Grave Sweet Grave« preisen die Nordmänner die Selbstentleibung, das Trauern und den Schmerz in den höchsten (beziehungsweise tiefsten) Tönen an, als hätten sie Aktien beim lokalen Sargzimmerer. Juristisch gejuckt hat es zu Lebzeiten der Truppe niemanden, und auch der Tod von Gitarrist Miika Tenkula vier Jahre nach der Auflösung war nach anfänglichen Falschinformationen (es lag halt nahe) ein Infarkt bedingt durch einen genetischen Herzfehler. Bands wie Impaled Nazarene (»Let's Fucking Die«), Children of Bodom (»Towards the End«) oder Cradle of Filth (»Suicide and Other Comforts«) durften und dürfen ebenfalls munter weiter vom Selbstentleibungsakt singen. Nachmachen ist in diesem Fall aber definitiv nicht erwünscht.

Verhandlungsunterbrechung
In der Gerichtskantine

Ausgewählte Speisen an gediegenem Ort.

Prozessbeobachter kennen die Situation: Da sitzt der Angeklagte wie ein Häufchen Elend auf seinem Stuhl und erwartet das drakonische Urteil für fortgesetzte Ruhestörung, aber Staatsanwalt, Verteidigung und die eh immer kurz vor dem Einschlafen befindlichen Beisitzer scheinen irgendwie abgelenkt. Auch der Richter blickt andauernd zur Uhr, deren Zeiger sich viel zu langsam in Richtung High Noon schieben. Um Schlag zwölf fallen synchron alle Stifte, Brillen werden abgenommen und zusammengeklappt, Akten zur Seite gelegt. Der zweite Richter, der in den Stunden zuvor nicht ein Lächeln über die Lippen bekommen hat, ruft dem Gerichtsdiener ein launiges »An die Brause, Banause, es geht in die Mittagspause« zu. In diesem Punkt ist die deutsche Verwaltung, egal ob Judikative, Legislative oder Exekutive, sehr berechenbar.

Wenn man auf Erden den Ort sucht, der am weitesten von jeder denkbaren Ausformung von Rock'n'Roll entfernt ist, landet man zwangsläufig in der Kantine eines Gerichtsgebäudes. Die befindet sich gerne im Keller, weil Sonnenlicht der natürliche Feind des deutschen Beamten ist. Mit einem Schritt hat man die letzten 40 Jahre hinter sich gelassen. PVC-Böden in unaussprechlichen Farbtönen gehen Hand in Hand mit Tischen und Stühlen, an die man nicht mal seine zum Tode verurteilte Schwiegermutter setzen würde. Irgendwo in dem nach Apfelessig und ungewaschenem Pullunder müffelnden Raum befindet sich die Essensausgabe. Gut, die Preisgestaltung erinnert in erfreulicher Weise an die DDR, aber das war es dann auch mit den positiven Momenten. Am Bezahltresen sitzt ein undefinierbares Wesen mit leichtem Oberlippenbart und starrt den Hungrigen an wie ein römischer Löwe den Christen. Auf der Speisekarte, die wahrscheinlich 1982 aufgehängt und nie wieder abgehängt wurde, finden sich die Kantinenklassiker des vergangenen Jahrhunderts wieder: Currywurst, Königsberger Klopse, Cordon bleu, Fischstäbchen, Erbsensuppe, Sauerfleisch mit Remoulade. Per Hand wurde noch ein Zettel dazugeklebt: »Tomatensalat, Gurkensalat, Salat der Saison, Gemüsebratlinge auf Vorbestellung«, steht da zu lesen. Es soll neuerdings ja diese fleischlose Ernährung geben, und man möchte mit der Zeit gehen.

Hat man eines der theoretisch ja durchaus schmackhaften Gerichte auf seinem orangefarbenen Tablett drapiert und jongliert es mitsamt einem Mineralwasser durch die Stuhlreihen, kommt man am Staatsanwalt und dem Verteidiger vorbei, die sich angeregt über das Bundesligawochenende unterhalten und scheinbar die besten Kumpels sind. Ohne ihre Roben sehen sie wie stellvertretende Fachbereichsleiter des lokalen Bauamtes aus. Na egal, Platz ergattern und Futter fassen. Die Currywurst schmeckt, als wäre sie mit Sägespäne gestreckt worden, der Kern des Cordon bleu ist noch gefroren, während die Panade außen rum verbrannt ist. Muss man auch erst mal hinbekommen. Also, Reste des Mampfs reinwürgen, eine Zigarette vor dem Gebäude gegen das Sodbrennen durchsuchten und schnell wieder rein in die Verhandlung. Während der nun beginnenden Urteilsverkündung und -begründung überlege ich mir, wie es aussehen würde, wenn ich die eben besuchte Gerichtskantine bestücken dürfte.

So ganz nach eigenen Vorstellungen und ohne Grenzen. Erstmal gäbe es nur noch vollautomatische Essensbestellungen und -ausgaben, dazu würde ich fünf bis zehn verschiedene Karten ausgeben, die jeweils nur an einem Wochentag und zu bestimmten Uhrzeiten gelten würden. Den Streit, der in der Schlange automatisch entsteht, filme ich ab und verkaufe die Bilder an eine dieser Homevideo-Shows. Deutsche Beamte und Technik, das muss ein Brüller werden. Außerdem würde ich komplett neue Gerichte einführen: Räuberteller, Langfinger Food, Karpfen am Steuer blau, Waffelbruch, Schwedische Gardinen-Köttbullar, (Ge)Fang des Tages und vieles mehr. Natürlich würden sich hinter diesen tollen Namen die gleichen Gerichte wie zuvor verstecken, aber das merken die meisten ja nicht, weil sie soweit erst gar nicht kommen. Die Sitzmöbel werden elektrischen Stühlen nachempfunden und aus den neu installierten Boxen dröhnt den ganzen Tag »Jailbreak« von AC/DC und Thin Lizzy, immer abwechselnd. Zu trinken gibt es nur noch lauwarmen Schwarzgeldkümmeltee und ...

Die abschließenden Worte des Richters holen mich wieder in die Realität zurück. Der Angeklagte bekommt 20 Jahre Festungshaft wegen mehrfachen Abspielens eines Dark-Fortress-Albums an einem Sonntagmorgen in nicht zulässiger Lautstärke. Armer Teufel. Mir hingegen schwimmen die Fischstäbchen aus der Kantine unliebsam lebendig im Magen herum, deshalb muss da noch was Vernünftiges drauf. Gut, dass auf dem Nachhauseweg ein Burger King steht.

Strafakte 4

Schwärzer als schwarz

Mayhem könnten auch positiv und lebensbejahend sein. Wollen sie aber nicht.

Nun wird es kalt und dunkel, wie in einem norwegischen Polarfuchshintern, der in der von Permafrost durchzogenen Weite Grönlands hockt. Der Black Metal als Begriff wurde bekanntlich von den Engländern Venom mit ihrem gleichnamigen Album im Jahr 1982 erfunden, Bathory und Mercyful Fate trugen inhaltlich und musikalisch noch ein paar Teufeleien bei. Dann hatte der Black Metal ein paar Jahre Pause, bis sich Anfang der Neunziger von Skandinavien aus die zweiten Welle über die ganze Welt verbreitete und insgesamt noch einen weiteren Gang hochschaltete. Heute gibt es so viele Unter- und Unterunterarten des Genres, von Post bis Avantgarde, von symphonisch bis raw, dass der Überblick schwerfällt. Trotzdem, so klirrend kalt wie Anfang der Neunziger, als Mayhem, Immortal, Satyricon und Co. ihr geschminktes Gesicht erhoben, wurde es danach nie wieder. Vielleicht auch besser so, denn (zu) viele Protagonisten, oft gerade mal volljährig geworden und noch nicht ganz ausgereift in der Birne, nahmen die eigenen Worte von Zerstörung, Vernichtung und Hass ernst und unternahmen einige Aktionen, über die man einfach nur den Kopf schütteln kann. Und damit ist kein Headbanging gemeint.

Fangen wir am besten gleich mit etwas richtig Widerwärtigem an: Komplett verboten gehört per se schon mal ein ganzes Untergenre, wenn man es denn so bezeichnen will. Der NSBM, National Socialist Black Metal, entwickelt sich seit Mitte der Neunziger und tritt in diversen Abstufungen in Sachen Extremismus auf. Inspiriert von Slayers Grenzübertretungen fand die zweite Welle des Black Metal zumindest in Teilen Gefallen daran, nicht nur das Christentum und andere Weltreligionen zu diffamieren. Es war halt auch nicht mehr so einfach. Mercyful Fate veröffentlichten auf ihrer ersten EP 1982 den Song »Nuns Have No Fun«, auf dem Cover war eine gekreuzigte Nonne zu sehen. Das reichte aus, damit ein Großteil der Bevölkerung geräuschvoll Luft zwischen den Zähnen einzog und vor Entsetzen den Blick demütig gen Himmel richtete. Ziel erreicht. 15 Jahre später konnte man mit so etwas vielleicht noch den Dorfpfarrer erschrecken, für alle anderen war das kalter Kaffee. Also musste etwas Neues zum Provozieren her. Darkthrone, eine der führenden Vertreter der zweiten Welle, ließen Mitte der Neunziger jede Menge geistigen Müll vom Stapel und bezeichneten sich selbst als »Norwegischer arischer Black Metal« (nachzulesen auf der Rückseite des Covers von »Transilvanian Hunger« aus dem Jahr 1994). Weil besonders in Deutschland Journalisten auf das Thema ansprangen, zogen Nocturno und Fenriz die Nummer weiter durch, bezeichneten sich als eine Band, die den Faschismus unterstützt und erklärten einen Plattenfirmenwechsel damit, dass sie nur noch mit Norwegern zusammenarbeiten würden. Inwieweit das damals eine wirkliche Überzeugung oder reine Provokation war, lässt sich von außen schwer einschätzen. Fakt ist, dass die Band ein paar Jahre später zurückruderte, 1999 eine Entschuldigung murmelte und bis dato nie wieder in solche Gefilde abdriftete. Fenriz mutierte mit seinen Kolumnen, Gastbeiträgen und Videos gar zu einer Art Black-Metal-Clown (im positiven Sinne), von 2016 bis 2019 saß er für die sozialliberale Partei Venstre als stellvertretendes Mitglied im Gemeinderat. Auf seinem Foto zur Wahl hält er seine Katze in die Kamera, darunter steht der Satz »Bitte wählt mich nicht.« Im Grundsatzprogramm der Partei heißt es unter anderem: »Nationen und Gesellschaften brauchen sowohl die kulturelle als auch die wirtschaftliche Stimulierung, die von Einwanderung ausgeht: Eine vielfältige Gesellschaft ist eine gute Gesellschaft. Voraussetzung dafür ist der Wille zur vollgültigen Integration auf beiden Seiten.« Lebenswege verlaufen also nicht immer gerade, heute sind Darkthrone längst rehabilitiert, obwohl sie in ihrer »schlimmen Phase« sogar mit Varg Vikernes zusammenarbeiteten und Texte von ihm schreiben ließen. Die wirklich überzeugten Rechtsextremen in Lederjacke, und ich werde einen Teufel tun, hier irgendwelche Namen zu nennen, bewegen sich nach deutschem Recht durchgehend auf der verbotenen Seite. Alleine das Verwenden von Kennzeichen verfassungswidriger und terroristischer Organisationen kann bis zu drei Jahre Knast einbringen. Schade, dass an dieser Stelle nicht härter durchgegriffen wird, denn diverse angebliche Black-Metal-Bands verwenden Bilder von Adolf Hitler, Hakenkreuze, SS-Runen und ähnlichen Schund. Ihre Alben werden gepresst und verbreitet, oft unter der Internet-Ladentheke, aber sie sind problemlos erhältlich. Dabei haben weder Erschaffer noch Konsumenten geblickt, dass sich jede Form der Rockmusik, und dazu gehört auch der Black Metal, vom Blues ableitet. Das ist die Musik der Farbigen, ganz egal wie sehr man seine Gitarre auch vergewaltigen mag. In so einem

Genre ernsthaft von der Überlegenheit der weißen Rasse und ähnlichen Schmutz zu keifen, ist so logisch, wie der Biss eines Veganers in eine lebende Kuh. Aber dem rechten Rand mit Logik kommen zu wollen, ist ja eh ein sinnloses Unterfangen. Sehr große Teile der Szene ignorieren diese geistigen Stinkwanzen glücklicherweise. Möge sich das bitte nie ändern.

Aber auch bekanntere Bands, wie das Beispiel Darkthrone zeigt, haben ihre Aussetzer, wenn es um das Verwenden von besonders in Deutschland verpönten Symbolen geht. Bekannt wurde der Auftritt von Hoest und seiner gemieteten Kavallerie, die unter dem Namen Taake 2007 durch Deutschland tourte. In Essen malte sich Ørjan Stedjeberg alias Hoest ein Hakenkreuz auf die Hühnerbrust und ging so auf die Bühne, was im Publikum und beim Veranstalter für Missstimmungen sorgte. Nach dem Desaster wurden alle weiteren Deutschland-Auftritte abgesagt, Hoest entschuldigte sich, bezeichnete die Aktion als »spontanen Joke im Sinne des Punk« (auch die Sex Pistols und viele andere Punkbands nutzten Hakenkreuze zur Provokation), titulierte den Veranstalter aber im gleichen Zug als Untermenschen und merkte an, »er solle einem Moslem einen blasen«. Ein Vorfall, der bis heute Konsequenzen hat, zumal Hoest auch immer mal wieder mit Äußerungen auffällt, in denen er zum Beispiel verkündet, dass er mit seiner Musik die Menschen wieder stolz machen möchte, Norweger zu sein. Trotz immer wiederkehrender Versicherungen, dass Taake niemals Rassisten waren oder sein werden, und der Behauptung, er habe sich längst mit dem damaligen Veranstalter versöhnt, gibt es weiterhin Gegenwind. 2012 wurden Taake für den Spellemann Award nominiert (der norwegische Grammy), die Jury wurde dafür allerdings hart kritisiert. Im Song »Orkan« keift Hoest gegen den Islam. Dazu gefragt meinte er, man würde seit Jahrzehnten gegen organisierte Religionen agitieren, warum sollte der Islam da eine Ausnahme bilden? Geplante Touren in den USA (2018) und Australien (2021) wurden abgesagt, nachdem Antifa-Gruppen und Studentenvereinigungen massive Proteste angekündigt hatten. Hoest bleibt bei seiner Meinung, dass das Hakenkreuz ausgerechnet in Deutschland unangebracht war, es Künstlern grundsätzlich aber erlaubt sein müsse, alle »Symbole des Bösen« zu nutzen. Ein umgedrehtes Kreuz, so seine Aussage, würde heute keinerlei Reaktionen hervorrufen (sieht man im Vatikan vermutlich anders). Hoest wurde für die Aktion in Deutschland im Übrigen nicht juristisch belangt, weil Polizisten selten Black Metal hören. Zumindest war an diesem Abend offensichtlich kein Schnurrbartträger im Saal.

Noch wesentlich verstörender sind die Taten von Mikael »Nattram« Nilsson, der mit seiner Band Silencer keinen kommerziellen Erfolg erzielte, aufgrund seiner Geschichten aber bei einem kleinen Kreis Kultstatus genießt. Ob die wirklich wahr sind oder nur eine geschmacklose Masche, um Aufmerksamkeit zu bekommen, ist nicht ganz klar. Eine Legende besagt, dass er sich seine Hände abschnitt, um sich Schweinefüße auf die Stumpen zu nähen. Wie man ohne Hände nähen kann, liegt ebenso im Nebulösen wie die Frage, wie er Jahre später ein Buch namens »Grishjärta« (Schweineherz) veröffentlichen konnte. Auch werden seine Alben gerne handnummeriert verkauft, wegen Kult und so. Alles Dinge, für die man menschliche Hände ganz gut gebrauchen kann. Fakt ist wohl, dass er 2005 in das St. Sigfrid Hospital in der Stadt Växjö eingeliefert wurde und dort einige Jahre verbrachte. Angeblich hatte er ein fünfjähriges Kind mit einer Axt angegriffen, das nur knapp dem Tod entkam. Als die Polizei auftauchte, soll er die Beamten aufgefordert haben, ihn zu erschießen. Die dachten aber gar nicht daran, einen weiteren Black-Metal-Märtyrer zu erschaffen, sondern ließen die Hunde los. Belegt ist dieser Vorfall allerdings nicht. Kurz zuvor gründete er die »Band« Diagnose: Lebensgefahr. Veröffentlichte Demos, Singles oder Alben seitdem: exakt 1. Manche Leute ... Was auch für die anonymen Musiker von Stallagh beziehungsweise seit 2007 Gulaggh gilt. Die wohl aus Belgien und den Niederlanden stammenden Künstler nutzen die Schreie von psychisch Kranken, um ihr kakofonisches Treiben auszuschmücken. Bei einer Aufnahme soll ein Patient sogar einen anderen angegriffen und fast umgebracht haben. Die Würgelaute des Opfers seien ebenfalls auf dem Album zu hören. Lange ging das Gerücht um, die Band (die so nicht genannt werden möchte) habe die Patienten aus einer Klinik entführt, was natürlich Quatsch war. Als die Behörden aufmerksam wurden, erklärten sie, dass sie von jedem Beteiligten, egal ob Mörder oder Vergewaltigungsopfer, das schriftliche Einverständnis eingeholt hätten. Die Schreie voller Angst und Qual sollten authentisch klingen, so der Ansatz. Einige meinten sogar, das Schreien sei die beste Therapie ihres Lebens gewesen. Wahr oder Fake? Im Grunde auch egal, denn der Soundmix aus Noise, Black Metal und Dark Ambient ist für 99,9 Prozent der Weltbevölkerung eh nichts weiter als pures Chaos. Dafür gehen die limitierten Alben allerdings für ordentliche Preise über die Theke.

Kjetil-Vidar Haraldstad, besser bekannt unter seinem Künstlernamen Frost, ist eher ein Freund der guten alten Klopperei. Weil er sich irgendwann in den 1990ern in einer Kneipe mit einem Kontrahenten bügelte (die Details kamen nie ans Licht), dies aber nicht in seinem Einreiseantrag angab, wollten ihn die USA nicht reinlassen. Logisch, er hatte ja auch keine Faustfeuerwaffe verwendet, das wäre sehr wahrscheinlich okay gewesen. Fakt ist, dass seine Bands Satyricon und 1349 temporär auf andere Schlagzeuger ausweichen mussten, um den US-Trip zu absolvieren. Später durfte Väterchen aber wieder ins Land der unbegrenzten Möglichkeiten.

Apropos, auch in den USA treiben sich seltsame Gestalten herum. Wer Jef Whitehead heißt, muss Black Metal spielen (wobei Blackwhitehead noch besser wäre). Das tut selbiger auch, unter anderem bei Leviathan, die allerdings seit 2015 kein neues Album mehr veröffentlicht haben. 2011 wurde Whitehead, der auch als Tätowierer arbeitet, in Haft genommen. Der Vorwurf seiner Freundin lautete mehrfaches Bewusstlosschlagen bzw. -würgen und Missbrauch mit einer Tätowiermaschine. Die Anklage führte 34 Vergehen auf, die Whitehead 60 Jahre im Kittchen hätten einbringen können. Allerdings erwiesen sich

28 Punkte noch vor dem Prozess als haltlos, am Ende wurde der Täter für einen Fall von häuslicher Gewalt zu zwei Jahren Nüchternheit verurteilt. Immer noch ein Vorfall zu viel, aber das hätte schlimmer ausgehen können. Whitehead veröffentlichte im Anschluss an die Verhandlung das Album »True Traitor, True Whore«, bestritt Jahre später aber, dass es dabei um seine Ex gehen würde. Vielmehr handele das Album von biblischen Gestalten wie Eva und der Hure von Babylon. Whiteheads Kumpel Blake Judd nutzte seine doch recht erfolgreiche Combo Nachtmystium, um seine Heroinabhängigkeit zu finanzieren. Nach eigenen Angaben nahm er schon als Teenager regelmäßig Kokain, Halluzinogene und anderes Zeug. Nach einer schwerwiegenden Beinverletzung im Jahr 2009 verschrieb ihm sein Onkel Doktor Opiate, weshalb er schließlich an Heroin geriet. Zu dieser Zeit fühlte er sich nach eigenen Angaben als Rockstar. Und Rockstars, so seine Meinung, hätten das gottverdammte Recht, drogenabhängig zu sein. Zur Finanzierung dieser steilen These klaute er einem Kollegen seine Gitarre, außerdem nahm er das Geld, das Fans in Vorkasse für Alben und Merchandising an ihn überwiesen hatten, um Stoff zu kaufen. Da die Vergehen minderschwer waren, wanderte er 2014 nur für einige Monate ein, bevor er nach mehreren Therapien angeblich wieder clean ist. 2018 gab es Stimmen, die behaupteten, Blake habe sie auch noch im Jahr 2017 betrogen, was der blonde Sänger vehement bestritt. Er löste Nachtmystium zweimal auf, um beruflich einen anderen Weg einzuschlagen, kehrte aber bislang immer wieder zurück zum Black Metal.

Gorgoroth verhedderten sich hingegen im religiösen Gesetzesgeflecht, als sie 2004 im polnischen Krakau auftraten. Der Gig wurde für eine DVD mitgeschnitten, dafür hatten sich Gaahl und seine Mannen etwas ganz Feines ausgedacht. Vier nackte Models hingen an Kreuzen (ein Element, das bei Gorgoroth-Shows häufiger auftauchte), außerdem steckten echte Schafsköpfe auf Spießen. Zudem hatte die norwegische Band im Großmarkt um die Ecke 80 Liter Schafsblut besorgt. Lecker. Nach dem Auftritt stand die Polizei in der Halle, weil sie wegen Tierquälerei und religiöser Zuwiderhandlung (Religionsbeleidigung, was im streng katholischen Polen strafbar ist) ermittelte. Die Band wurde nach einigen Vernehmungen nicht belangt, da sie die Tierkadaver ordnungsgemäß gekauft hatte und von dem Gesetz gegen religiöse Zuwiderhandlung keine Kenntnis besaß. Der lokale Promoter hingegen musste 10.000 Złoty Strafe zahlen (heute rund 2.300 Euro), da er die Band nicht auf die gesetzlichen Vorgaben hingewiesen hatte. Überdies wurde das Videomaterial eingezogen. Es erschien erst 2008, allerdings unzensiert. Und wo wir gerade bei Ex-Frontmann Kristian »Gaahl« Espedal sind: dessen Vorliebe für echte Folterungen kostete ihn schon eine Menge Geld und sogar einige Monate im Gefängnis. Denn 2002 folterte er auf einer Party nachweislich einen Mann, nachdem er ihn am Verlassen des Hauses gehindert hatte. Gaahl schlug sein Opfer nieder, fesselte es und malträtierte es über Stunden hinweg. Unter anderem soll er das Blut seines Opfers in einem Kelch aufgefangen und getrunken haben.

Normalerweise ist in Norwegen für so etwas 90 Tage hinter Gittern vorgesehen, da das Gericht allerdings ein besonders brutales Vorgehen erkannte, musste er für ein Jahr einfahren und seinem Opfer rund 27.000 Dollar (andere Quellen sprechen von rund 25.000 Dollar) zahlen. Vier Jahre später hatte Meister Gaahl das wohl schon wieder vergessen, er folterte einen weiteren Mann über sechs Stunden. Dieses Mal gab es vierzehn Monate (von denen er neun absaß) und eine Strafe von rund 32.500 Dollar. Scheint gut bei Kasse zu sein, der Mann. In diesem Fall behauptete er zudem, in Selbstverteidigung gehandelt zu haben. Sein Statement im Online-Mag »Metal Injection« dazu: »Ich war derjenige, der angegriffen wurde, aber die denken, ich habe ihn zu hart bestraft. Ich sage das immer, wenn Menschen meine Wege kreuzen: In diesem Fall bin ich der, der entscheidet, wie die Strafe ausfällt.« Selbstjustiz wie aus dem Bilderbuch.

Von einem Folterknecht zu einem Beihelfer für Mord. Jon Nödtveidt, Kopf der schwedischen Band Dissection, wurde im Dezember 1997 unter Mordverdacht verhaftet. Ihm wurde die Tötung eines 37 Jahre alten, homosexuellen Algeriers vorgeworfen. Im Prozess stellte sich heraus, dass der Haupttäter ein enger Freund und Kopf des Satanistenvereins Misanthropic Luceferian Order (MLO) war. Nödtveidt wurde zu zehn Jahren verurteilt. Als Grund für die Tat gab er an, der Mann habe sie belästigt. Im Gefängnis schloss er sich der Gang Werewolf Legion an, die dem MLO nahesteht. Sie verüben bis heute Überfälle und andere Delikte im Großraum Stockholm. 2004 durfte Nödtveidt auf Bewährung raus, er suchte sich neue Mitglieder für Dissection und erklärte seine Band zum »klanglichen Propagandainstrument für den MLO«. Er erschoss sich 2006 im Alter von 31 Jahren in seinem Appartement in Stockholm. Dabei hatte seine Karriere mit Coverversionen von Whitesnake so harmlos angefangen. Bård »Faust« Eithun war 2004 mal kurz Schlagzeuger von Dissection, auch er kam zu dieser Zeit frisch aus dem Knast, hatte aber länger als Nödtveidt eingesessen. Dafür darf er sich aber auch als waschechten Mörder bezeichnen. Er tötete 1992 in Lillehammer einen betrunkenen, homosexuellen Norweger, der ihn ansprach und auf ein Schäferstündchen mit dem Musiker im Park verschwinden wollte. Faust ging zum Schein darauf ein, lockte ihn immer weiter ins Unterholz und tötete ihn schließlich mit 37 Messerstichen. Es dauerte über ein Jahr, bis die Polizei den Mord aufklären konnte. Faust wurde zu 14 Jahren verurteilt und musste zehn davon absitzen. Im Gefängnis holte er seinen Schulabschluss nach und studierte. Seine lächerlichen Statements aus dem Knast heraus ließen einen rechten Hintergrund vermuten, selbst die Neonaziszene in Deutschland, die wahrscheinlich nie einen Ton seiner damaligen Band Emperor gehört hat, forderte seine Freilassung. Außerdem brüstete er sich mit seiner Tat. Seit seiner Entlassung ist es deutlich ruhiger um Faust geworden. Er bestreitet, jemals rechtes Gedankengut verbreitet zu haben oder homophob gewesen zu sein. Mittlerweile ist er mit einer Brasilianerin verheiratet, seine musikalische Karriere verläuft seit den letzten 20 Jahren übersichtlich. Kleiner Funfact am

Rande: Zum Zeitpunkt seiner Inhaftierung saßen auch seine Bandkollegen Terje Vik Schei (alias »Tchort«) und Tomas Thormodsæter Haugen (»Samoth«) wegen Körperverletzung beziehungsweise Kirchenverbrennung im Knast. So war nur noch Frontmann Vegard Sverre Tveitan (alias »Ihsahn«) in Freiheit. In einem Interview sagte er später, dass es für seine Band eine schwere Zeit war (die er dazu nutzte, fast das komplette Album »Anthems to the Welkin at Dusk« zu schreiben), es auf der anderen Seite aber auch eine Menge Publicity für Emperor brachte. Na, das ist doch auch was. Einfach mal ne Kirche anzünden und jemanden umlegen, wenn es mit der eigenen Combo nicht vorwärtsgehen will.

Selbst in Deutschland gibt es einen bekannten »Black-Metal-Mord«, den vom Boulevard so getauften »Satansmord von Sondershausen«. Im gleichnamigen thüringischen Örtchen lockten 1993 drei Jugendliche einen von ihnen nicht gemochten Mitschüler in den Wald, fesselten ihn an einen Schaukelstuhl und erdrosselten ihn mit einem Stromkabel. Als besonders pikant erwies sich, dass mit Hendrik Möbius eine der führenden Figuren des National Socialist Black Metal zu den Tätern zählte. Möbius gehört als Schlagzeuger der Band Absurd (wobei diese Truppe eigentlich keinen Metal spielt, dafür fehlen ihnen die technischen Fähigkeiten) und als Texter für zahllose braune Dreckscombos aus dem In- und Ausland zu den fleißigsten Vertretern seiner Art, außerdem vertreibt er unter anderem mit seinem Bruder illegal Alben diverser Nazicombos. Während seine Mittäter nach ihrer

Verurteilung aus den Schlagzeilen verschwanden, ist Hendrik ein immer wiederkehrender Gast. Er wurde eine Woche nach der Tat festgenommen und wegen gemeinschaftlichen Mordes, Nötigung und Freiheitsberaubung zu acht Jahren Jugendstrafe verurteilt. 1998 kam er auf Bewährung raus, zeigte auf der Bühne gleich mal den Hitlergruß, gründete die Deutsche Heidnische Front (ein Ableger der Organisation seines Bruders im Geiste Varg Vikernes) und verhöhnte sein Opfer öffentlich. Das führte zur Aufhebung der Bewährung und einer neuerlichen Verurteilung zu acht Monaten Haft. Nach zwei weiteren Verurteilungen setzte sich Möbius in die USA ab, wo er bei einem Gesinnungsgenossen unterkam. 2000 wurde er verhaftet, wobei die Polizisten ihm den linken Ellenbogen brachen. Nicht schlimm, er grüßt ja eh mit rechts. Er beantragte in den USA politisches Asyl (»Man darf in Deutschland ja nichts mehr sagen«, blablabla), das trotz der Unterstützung bekannter internationaler Neonazis abgelehnt wurde. Der Verbrecher wurde im Sommer 2001 in seine Heimat abgeschoben und bis 2007 eingeknastet. Seitdem watet der Sohn eines CDU-Politikers mit Freuden weiter im braunen Black-Metal-Sumpf umher und steht immer mal wieder vor Gericht. Da ist er wohl auch am besten aufgehoben.

Der Name Kristian »Varg« Vikernes ist bereits gefallen, und das Kapitel wäre nicht vollständig, wenn wir ihn und seinen Mord an Øystein »Euronymus« Aarseth übergehen würden, auch wenn die Geschichte bereits reichlich ausgeschlachtet wurde. Also, einmal Mayhem im Schnelldurchlauf. Frontmann Per Yngve »Dead« Ohlin erschoss sich 1991, Euronymus und Varg radikalisierten sich und waren mit ihrer Peer Group an mehreren Kirchenbränden beteiligt. Die so gewonnene Aufmerksamkeit ließ die eh schon extremen Charaktere weiter überschnappen, die jungen Erwachsenen steigerten sich in eine Mischung aus satanischem Wahn, rechtem Gedankengut, Allmachts- und Gewaltfantasien hinein, bedrohten andere Bands, die nicht ihrem eigenen elitären Verständnis entsprachen (sogenannte »Life-Metal-Bands«), und sabbelten vor allem viel geistigen Dünnschiss, bis Varg Euronymus schließlich 1993 in seiner Wohnung/im Treppenhaus mit 23 Messerstichen, davon zwei in den Kopf, ermordete. Angeblich sei Varg seinem früheren Kumpel zuvor gekommen, der ihn ebenfalls umbringen wollte, was nie bewiesen werden konnte. Das wahre Motiv liegt, wie einiges Andere, im Dunkeln. Varg wurde kurz nach dem Mord festgenommen und ein Jahr später zur Höchststrafe von 21 Jahren verurteilt. Unter anderem hatte man bei ihm auch Sprengstoff gefunden. Aus dem Knast heraus veröffentlichte er weiter Musik und ließ antisemitische Statements vom Stapel. Nach einem Fluchtversuch im Jahr 2003 wurde er mit einer Waffe und 700 Schuss Munition aufgegriffen, was ihm mehr als ein weiteres Jahr Haft einbrachte. 2009 durfte er den Kahn auf Bewährung verlassen, obwohl die Behörden glaubten, er sei immer noch ein Rassist und würde im Leben nicht klarkommen. Klingt nach den besten Voraussetzungen für eine Bewährung. Varg tat den Behörden aber den Gefallen und zog mit seiner französischen Ehefrau und den gemeinsamen Kindern nach Frankreich, wo er 2013 erneut verhaftet wurde. Der Vorwurf, er würde ein Massaker planen, ließ sich allerdings nicht erhärten. Die im Haus gefundenen Waffen wurden legal von seiner Frau erworben. Er musste nach einem Tag wieder entlassen werden und kündigte an, die Behörden zu verklagen. Die drehten den Spieß um, und zwar wiederum ein Jahr später. Wegen Aufstachelung zum Rassenhass, Glorifizierung von Kriegsverbrechen und ähnlicher Inhalte, die er in seinem Blog verbreitete, gab es ein halbes Jahr auf Bewährung und 8.000 Euro für die Staatskasse. Seitdem ist es ruhig um Varg geworden, der sich jetzt offiziell Louis Cachet nennt. In einem Interview sagte er vor einigen Jahren, dass er immer noch Rassist sei und an die »Blut-und-Boden-Ideologie« glaube, aber niemanden mehr hassen würde. Schön für ihn und alle die, die mit ihm leben (müssen).

Verhandlungsunterbrechung
Fünf Gerichtsverhandlungen, die leider nie geführt wurden

»Bin ich noch im Takt?« »Nein, Lars. Aber mach ruhig weiter. Irgendwann passt es wieder.«

1. Die gute Sitte gegen den Heavy Metal

Anklagepunkt: Lebenslanges Abhängigmachen unschuldiger Menschen

Sachverhalt: Jeder von uns Bekloppten hat eine ähnliche Geschichte: Der ältere Bruder, ein Schulfreund oder die Eltern haben uns, unschuldig wie wir waren, irgendwann mal mit der Droge angefixt. Sie konnten ja nicht wissen, dass wir unser Leben lang nicht mehr davon loskommen würden. Für einige wenige mag es eine Phase sein. Für viele ist es der Weg in die Abhängigkeit. Wie bei anderen Drogen kennt auch der Heavy Metal keine Gnade. Entzugserscheinungen treten bereits nach wenigen Stunden ohne verzerrtes Riff in den Ohren auf. Dazu wachsen die Haare unkontrolliert in alle Richtungen, der Bauch verformt sich zu einer Kugel. Verdammte Begleitdroge Bier. Und von der Beschaffungskriminalität fangen wir lieber gar nicht erst an. Denn wie bei jedem Stoff muss die Dosis gesteigert werden, um den gleichen Effekt vom Anfang zu erreichen. Kein Mensch stellt sich vier Alben von Iron Maiden in den Schrank, kauft ein Shirt von Metallica, tackert zwei Aufnäher von Machine Head an seine Jacke und nennt sich fortan Metal-Fan. Das ist Quatsch. Man muss alles kennen, alles haben, jede verdammte Band live sehen. Das geht natürlich ins Geld. Deshalb sind rund um die Bahnhöfe dieses Landes auch immer wieder Menschen mit halblangen Haaren zu begutachten, die mit einer halbfertigen Kutte bekleidet versuchen, ihren Körper zu verkaufen oder Oma die Handtasche mit der Rente zu entreißen. Es ist ein Drama. Denn diese

Lautstärke-Junkies reißen wieder andere junge und nicht mehr ganz so junge Menschen mit in den Abgrund, bis eines Tages die ganze Welt nur noch aus Heavy-Metal-Fans besteht. Ein Untergangsszenario, das an die großen Zombieklassiker erinnert. Okay, die Brauereien würde es freuen.

Gefordertes Strafmaß: Wie bei jeder legalen Droge sollten Alben mit Warnstickern versehen werden. Das gab es früher schon mal, da ging es aber meist um böse Texte mit Schimpfworten, noch bösere Raubkopierer und harte Drogen. Jetzt sollte es heißen: »Vorsicht, diese Musik macht abhängig, Sie werden bis zum Ende Ihres Lebens in Shirts mit albernen Monstern stecken und einen nicht unerheblichen Teil ihres Einkommens, Freunde, Liebschaften und ihr Gehör verlieren.« Ach was, verbietet diesen Teufelskrach gleich ganz. Geht bei Heroin doch auch.

2. Unser aller Nerven gegen Metallica

Anklagepunkt: Massiver Verstoß gegen die Schickschuld (steht tatsächlich so im »Bürgerlichen Gesetzbuch«)

Sachverhalt: Die angeklagte Gruppe hat mit ihren ersten vier Alben bis einschließlich 1988 (mit kleinen Abstrichen) eine Erwartungshaltung geschürt, die sie im Anschluss daran nie wieder erfüllen konnte oder wollte. Millionen von Fans ertragen seit Jahrzehnten jede noch so absurde Kapriole der vier Musikerdarsteller, immer in der Hoffnung, dass da noch was kommt. Es kommt aber nix. Zumindest nichts, was man sich zu Hause auf den Plattenspieler, in den CD-Schacht oder meinetwegen auf einen Stick ziehen kann. Stattdessen ploppen alle drei Tage Mitschnitte von hinlänglich bekannten Songs in diesem komischen Internet auf. »Orion« vom Roadie gefilmt in Großburgwedel, »Enter Sandmann« aufgenommen in der Sahel-Zone, »The Four Horseman« live im Keller von Dieter Bohlen. Dabei bleiben die Bühne und die vier Typen immer gleich, selbst das Publikum unterscheidet sich nur marginal. Einzig der Zeitpunkt, an dem Lars Ulrich aus dem Takt kommt und zielsicher an seiner Band vorbei hoppelt, verändert sich. Manchmal schafft er das noch vor dem ersten Takt. Egal, die Livevideo-Schwemme reißt nicht ab, seit Jahren schon. Was soll das werden? Ein Puzzle mit 10.000 Teilen, das man zusammensetzen muss, um die Weltformel zu erhalten? Wollen Metallica das Internet voll machen? Oder uns allen nur den letzten Nerv rauben? Was immer es ist, es wird höchste Zeit, dieser Inflation ein Ende zu bereiten.

Gefordertes Strafmaß: Die Angeklagten James Hetfield, Lars Ulrich und Kirk Hammett werden in eine Zeitmaschine gestopft (wird ja wohl demnächst erfunden werden) und ins Jahr 1989 zurückgebeamt. Dort setzen sich alle bei Bier und Chips an einen Tisch, und dann noch mal ganz von vorne. Aber dieses Mal seid ihr freundlicher zu Jason, gell James?

3. Die englische Sprache gegen Manowar

Anklagepunkt: Vergewaltigung und mutwillige Banalisierung einer Weltsprache

Sachverhalt: Das Oxford English Dictionary enthält mehr als 600.000 Wörter, mit Slang-Ausdrücken und regionalen Besonderheiten sind es noch einmal viel mehr. Manowar sind seit einigen Jahrzehnten darum bemüht, diese Anzahl auf acht herunterzudampfen. »Steel«, »Kill«, »God(s)«, »Battle«, »War«, »Power«, »Metal« und »Brothers«. Dazu ein paar Bindewörter, fertig ist das Universum der betagten Muskelprotze aus Auburn, New York. Der Wortschatz eines zweijährigen Kindes aus Bristol ist größer und kultivierter. Und das will was heißen. Gut, Manowar kommen aus den USA, viel mehr als diese paar Begriffe über historische Schlachten sind den meisten dort nicht bekannt. Kleinigkeiten wie Jahreszahlen, Ortsnamen, Namen der Beteiligten oder der Grund der Auseinandersetzung interessieren nicht, es war halt ne Schlacht in nem Krieg, die Götter waren auf ihrer Seite, mit ihrem Stahl und Metal haben sie den Gegner gekillt, und das mit Power, logisch. Anschließend gab es ein großes Besäufnis mit den Brüdern, dann fängt der nächste Song an. Wer versucht, mit Manowar-Alben die englische Sprache zu erlernen, kann auch auf einem Maultier seinen PKW-Führerschein machen. Oder eben nicht. Die vorsätzliche Verdummung des eigenen Publikums ist bei der Strafbemessung zu berücksichtigen.

Gefordertes Strafmaß: Die beiden Hauptangeklagten sind der ehemalige Metzger Louis »Eric Adams« Marullo (als Sprachrohr) und der ehemalige Roadie Dr. Joseph G. »Joey DeMaio« Maio (als Urheber fast aller Schüttelreime der Band). Die Stratsanwaltschaft (hihi, musste sein) fordert trotz des fortgeschrittenen Alters der Angeklagten die sofortige Versetzung in die zweite Grundschulklasse, wo Vokabeln in Schönschrift gepaukt werden, bis es qualmt. Erst nach einem erfolgreich absolvierten MPU-Test (Multiple Persönlichkeitsuntersuchung) werden die Senioren möglicherweise wieder auf die Menschheit losgelassen und dürfen noch eine weitere EP zur Wiedergutmachung aufnehmen. Die muss dann aber richtig geil werden.

4. Das Bundesumweltamt gegen den Glam Metal

Anklagepunkt: Umweltschädigungen in ganz großem Stil

Sachverhalt: In den siebziger Jahren versammelten sich einige Gestalten hinter den Anführern T. Rex, David Bowie und dem pädophilen Drecksack Gary Glitter, um ihre musikalische Darbietung mit ganz viel Glitzerstaub in den Haaren, auf den Klamotten und Instrumenten aufzuhübschen. Die Protagonisten merkten recht schnell, dass dies eine kreative Sackgasse ist, und widmeten sich bald wieder anderen Dingen wie Geld ausgeben, exzessivem Drogenkonsum, Philosophiestudien oder allem gleichzeitig. Kaum war die Welle abgeebbt, kam sie auch schon wieder angeschwappt, wenn auch in dezent modifizierter Form. Bands wie Ratt oder Mötley Crüe mixten den Glitter Anfang der Achtziger mit der neuen, wütenden Attitüde des Heavy Metal und wurden so zu den Urvätern des Hair Metal, der im Laufe des Jahrzehnts geradezu groteske Züge annehmen sollte. Poison, Kix, Winger, Cinderella, Warrant, Dokken,

Danger Danger, FireHouse, Slaughter (US), Britny Fox, im Grund auch Twisted Sister, Def Leppard und Bon Jovi. Die Liste ließe sich endlos fortführen, zumal auch längst etablierte Bands wie Alice Cooper, Judas Priest, Saxon, Kiss und, als komödiantischer Höhepunkt der Metal-Geschichte, Accept auf den Zug aufsprangen und plötzlich Pudel auf ihren Köpfen züchteten, dass es eine Pracht war. Die Texte handelten ausschließlich von den Vorzügen des anderen Geschlechts (bei einigen auch von denen des eigenen), Autos und Bier standen ebenfalls hoch im Kurs. Das Haarspray war wichtiger als die Gitarre, und wäre die Werbebranche damals etwas pfiffiger gewesen, hätte sie großartige Clips drehen können: »Vince Neil! Zweieinhalb Stunden eine ausverkaufte Stadionshow gespielt. In den Instrumentalpausen noch mit drei Groupies hinter der Bühne geknattert. Schwer auf Heroin. Aber die Frisur sitzt!«

Der Hair oder Glam Metal erreichte um 1986 seinen absoluten kommerziellen Höhepunkt, selbst in der alten Welt bildeten sich Combos wie Europe, TNT, Bonfire, Casanova, Tigertailz, Wrathchild oder Alien, nachdem die Finnen von Hanoi Rocks den Norden des Kontinents schon früh mit Haarspray eingenebelt hatten. Zeitgleich nahm das Ozonloch (quasi der Vorgänger unserer heutigen Klimaerwärmung) unglaubliche Ausmaße an und beherrschte die Nachrichten. Als Schuldiger waren schnell Fluorchlorkohlenwasserstoffe ausgemacht, wie sie in Kühlschränken und Haarspraydosen vorkommen. Am 6. Juni 1986 wurde unter anderem aus diesem

Grund das Bundesministerium für Umwelt, Naturschutz und Reaktorsicherheit gegründet. Ja, die Nuklearkatastrophe von Tschernobyl mag auch eine kleine Rolle gespielt haben, aber der Hauptgegner war das Ozonloch, verursacht durch die hemmungslose Nutzung von Haarspray. Nach ein paar Monaten des Eingroovens kam schließlich Klaus Töpfer an die Spitze des Ministeriums und beschloss, gemeinsam mit seinen sympathischen Kollegen von der Weltregierung, namentlich Ronald Reagan und Margaret Thatcher (früher war auch nicht alles besser), FCKW zu verbieten. Und zack, wieder ein paar Monate später war das Zeug verschwunden. Weil die Industrie so schnell keinen anderen Treibstoff für ihre Dosen nachrüsten und die Versorgung nicht mehr aufrecht halten konnte, ging der Vorfall als so genanntes »Hairspray-Mayhem von Bonn-Poppelsdorf« in die Geschichtsbücher ein. Kein Spray, kein Hair Metal. Die Bands verschwanden erst aus den Charts, dann aus dem Leben, und Grunge übernahm die Herrschaft. Die brauchten kein Haarspray, nicht mal Seife. Sehr umweltbewusst. Unter den damals verursachten Schäden leidet unser Planet allerdings bis heute.

Gefordertes Strafmaß: Alle noch lebenden Protagonisten werden verpflichtet, sich eine Woche ehrenamtlich für die Umwelt zu engagieren. Und zwar in den Bühnenklamotten von damals. Zahlreiche Strände, Parkplätze und Grünstreifen möchten gesäubert, unzählige Kröten über die Straße getragen werden. Die Ausgabe von Mülltüten, Müllpieksern, Schaufeln, Bollerwagen und Schubkarren erfolgt in Ihrem lokalen Bürgeramt.

5. Die Bundesgesellschaft der Untintlinge gegen Alt-Rocker

Anklagepunkt: Verunstaltung der Jugend, der Senioren und des allgemeinen Stadtbilds

Sachverhalt: Die Geschichte der Tätowierung ist ewig lang. Schon Ötzi rannte mit allerlei Bildchen auf dem Körper herum, in Japan und anderen Kulturkreisen hat(te) der Körperschmuck rituelle oder religiöse Bedeutung. Irgendwann in der Neuzeit wurden die Hautbilder zu Merkmalen von Seeleuten und Gefängnisinsassen, später dann auch der Arbeiterklasse. Dabei gab es viele tätowierte Adelige, selbst Kaiserin Sissi ließ sich im Alter von 51 noch einen Anker auf die Schulter pricken. Aber spätestens mit dem Popularitätsschub von Black Sabbath und Ozzy Osbourne sind Tattoos auch und gerade mit dem Heavy Metal verbunden. Ozzy war hier einmal mehr so etwas wie ein Vorreiter, dem Rob Halford von Judas Priest, ein paar Jungs von Iron Maiden, Sepultura und natürlich Mötley Crüe folgten. Und umso weiter diese Musiker mit ihrer Musik in den Mainstream vordrangen, desto mehr rückten auch ihre bemalten Extremitäten ins Blickfeld. Die Leute gewöhnten sich irgendwie daran, bis Tattoos plötzlich an jedem zweiten Arm, Nacken oder Rücken prangten. Ob 17-jähriger Berufsschüler oder 70 Jahre alte Rentnerin, die sich an der Supermarktkasse etwas dazuverdient; mittlerweile landen Sternchen, Blumen oder Tiere aller Art auch im Gesicht, an den Händen, knapp vor dem Haaransatz oder sonst wo. Ganz schlimm wird es im Sommer, wenn Körperstellen, die sonst glücklicherweise verhüllt sind, offen zutage treten. Beim Gang durch die Stadt wackeln einem dermaßen viele schlecht gemalte Geometrieskizzen, Tribals und Totenköpfe entgegen, es ist eine Qual. Und wer denkt bitte schön an die Umwelt? Was passiert, wenn all diese Bemalten eines Tages auf dem Friedhof liegen und ihre toxische Farbe ins Grundwasser sickert? Nicht besser sind die, die in der Steinofenbäckerei im Krematorium landen, da entweicht das Gift in die Luft und verpestet nachfolgende Generationen im nahegelegenen Kindergarten. Da können sich die Leute heute noch so lautstark für E-Autos und Fracking-Verbote aussprechen. Was hilft es, wenn sie mit ihrem Ableben ganze Landstriche auf Jahrzehnte unbewohnbar machen? Gar nix!

Gefordertes Strafmaß: Schuldig sind natürlich die prominenten Vorbilder. Ozzy Osbourne, Rob Halford und Vince Neil werden dazu verdonnert, sich vor laufenden Kameras die Pelle vom Körper rubbeln zu lassen. Natürlich nur an den bekrickelten Stellen. Haut wächst schließlich irgendwann wieder nach, oder nicht? Anschließend halten sie gemeinsam einen Vortrag darüber, wie unsinnig, unschön und umweltfeindlich Tätowierungen sind. Zudem spenden sie das Geld, das sie in die Verunstaltung ihrer Hühnerbrüste und anderer Körperteile gesteckt haben, einer Wohltätigkeitsorganisation zur Unterstützung arbeitsloser Fassadenstreicher. Inflationsbereinigt und mit Zinseszins, versteht sich. Dann hat diese ewige Stecherei vielleicht endlich mal ein Ende.

Mord und Totschlag

Wenn ein Schubser zum vermeintlichen Totschlag wird. Randy Blythe vor Gericht.

Wer nach dem ordnungsgemäßen Durcharbeiten des letzten Kapitels glaubt, nur böse Skandinavier mit obskurer Gesichtsbemalung würden ihre Mitmenschen dahinmeucheln, hat sich einmal mehr geschnitten. Der Tod ist im Heavy Metal ein ewiger Begleiter, ob in den Texten, auf den Covern oder im echten Leben. Gut, Mord und Totschlag sind in der Realität dann erfreulicherweise doch eher die Ausnahme, früher waren es Drogen, heute Altersschwäche, die als Haupttäter ausgemacht werden können. Aber dann und wann kann es eben doch mal passieren, dass der Heavy-Metal-Star als knochiger Schnitter zuschlägt.

Dabei ist die Unterscheidung zwischen Mord und Totschlag nicht ganz unwichtig. Wer wegen Totschlags gesucht wird, braucht sich nur 20 Jahre im Wald zu verstecken und schon ist das Vergehen verjährt. Ein Klacks. Mord hingegen verjährt niemals, was sich nach hinten raus ganz schön ziehen kann, wenn man auf der Flucht ist. Das gilt einmal mehr natürlich nur in Deutschland, andere Länder haben andere Sitten, viele ähneln allerdings der hiesigen Rechtsprechung. Totschlag ist quasi die Grundlage der Tat, eine Nummer, die jedem hergelaufenen Strauchdieb gelingt. Um als Mörder zu gelten, muss man sich qualifizieren. Habgierig sein, den eigenen Geschlechtstrieb befriedigen wollen, eine andere Tat verdecken müssen usw. Mittlerweile sollte jeder genügend True-Crime-Podcasts gehört haben, um die Mordmerkmale herbeten zu können. Damit ist man in der Königsklasse angekommen, hat im Knast Vorgriffsrecht auf Neuankömmlinge und bekommt sonntags zweimal Nachtisch. In den USA gibt es neben der Todesstrafe noch die besondere, in Deutschland unbekannte Variante der lebenslangen Haft ohne Chance auf Bewährung. Da wird einem 18-jährigen Mörder also gesagt, dass er, egal was er ab heute auch anstellt oder unterlässt, aus diesem Gebäude nie wieder lebend herauskommt. Wer Dokumentationen aus US-amerikanischen Gefängnissen gesehen hat, kennt auch das Ergebnis dieser Herangehensweise: Totales Chaos, weil den Typen (Frauen bekommen das Urteil nur selten) eh alles egal ist. Schlimmer kann es ja nicht mehr werden. Also feiern sie Drogenpartys, greifen Wachen oder sich untereinander an und benehmen sich wie tollwütige Orang-Utans. Soweit hat es bisher noch kein bekannter Metaller geschafft (Ausnahme: die Angemalten von eben), aber einige haben sich zumindest bemüht.

Reisen wir zurück in das Jahr 1984 und hier ins meist sonnige Kalifornien. Der Stern von Mötley Crüe ging gerade so richtig auf, als ihre europäischen Vorbilder, Hanoi Rocks, ihre zweite US-Tour starteten und beim guten Vince vorbeischauten. Die Band, mit Ausnahme von Sänger Michael Monroe, feierten mit dem blonden Barden, der zu dieser Zeit nach eigenen Angaben nicht nur Alkohol in rauen Mengen, sondern auch Kokain und Heroin verbrauchte, dass es aus jeder Pore rauchte. Die Finnen und Briten von Hanoi Rocks standen diesbezüglich auch gut im Strumpf und vernichteten Neils Vorräte restlos, worauf dieser in seinen Sportwagen, einen De Tomaso Pantera, stieg, um Nachschub zu holen. Schlagzeuger Nicholas

»Razzle« Dingley sprang mit in den Wagen, was ihn wenige Tage nach seinem 24. Geburtstag das Leben kosten sollte. Auf dem Rückweg verlor der betrunkene Neil auf einer kurvigen und nassen Küstenstraße die Kontrolle über seinen Wagen und rauschte in den Gegenverkehr. Bei der Kollision bekam Vince so gut wie gar nichts ab, die beiden Insassen des anderen Unfallwagens erlitten schwere Hirnverletzungen. Und Razzle war auf der Stelle tot. Da die beiden nicht zurückkamen, fuhren nun Andy McCoy (eigentlich Antti Hulkko) und Crüe-Schlagzeuger Tommy Lee los, um nachzuschauen. Wie nüchtern diese zwei gewesen sein mögen, mag man sich nicht vorstellen. Sie kamen gerade noch rechtzeitig, um zu beobachten, wie Neil in Handschellen in einen Polizeiwagen verbracht wurde.

Was dann folgte, nennen nicht wenige Beobachter eine Farce. Vince Neil, mit 1,7 Promille im Blut, wurde wegen »Vehicular Manslaughter« (ungefähr: fahrlässige Tötung beim Betrieb eines Autos) angeklagt und verurteilt. Da der Sänger gerade ein bisschen was auf der hohen Kante hatte, unterschrieb er einen Scheck über 2,5 Millionen Dollar (was er rund 30 Jahre später auch zugab) und bekam dafür erst mal die Erlaubnis, die anstehende Welttour zu absolvieren. Anschließend wurde er zu 200 Sozialstunden, fünf Jahren Alkoholabstinenz (ganz bestimmt) und 30 Tagen Knast verurteilt. Von denen musste er 15 Tage (andere Quellen sprechen von 19 Tagen) absitzen und wurde wegen guter Führung vorzeitig entlassen. Angeblich habe Neil anderen Insassen das Essen gebracht und Polizeiautos gewaschen. Außerdem widmeten Crüe Razzle ihr drittes Album »Theatre of Pain«. Na, dann geht's ja. Neil geriet seitdem in schöner Regelmäßigkeit mit der Staatsmacht aneinander, unter anderem wegen diverser Schlägereien und körperlicher Übergriffe gegen eine Sexarbeiterin, einen Produzenten, einen Techniker aus der eigenen Crew, seine diversen Freundinnen und eigene Fans, wegen Schweinkram-Aufnahmen in seinem Ferrari (während der Fahrt), wegen Betrugs, unbezahlter Rechnungen und Wasserverschwendung (in Las Vegas ein großes Vergehen, das Neil im Jahr 2015 150.000 Dollar kostete). 2010 war auch mal wieder eine Alkoholfahrt dabei, die ihm 15 Tage Knast und 15 Tage Hausarrest einbrachte. Interviews und Live-Aufnahmen lassen es vermuten, diese Aufstellung erst recht. Am Büfett scheint der olle Vince deutlich stärker zu sein als im Nachdenken.

Das kann man von Randy Blythe nicht behaupten. Der Frontmann von Lamb of God ist erstens von Gestalt zu hager und zweitens viele Jahre nicht als gewalttätiger Rabauke in Erscheinung getreten. Eher als Schauspieler und Buchautor. Gut, manchmal hakt es auch bei ihm ein bisschen aus, so erklärte er mehrfach, er wolle Präsident der Vereinigten Staaten werden, trat bisher aber nie an. Leider änderte ein Moment sein komplettes Leben. Der 1971 im US-Staat Virginia geborene Sänger und seine Kollegen sind bekannt für bewegungsfreudige Shows vor und auf der Bühne. Aus dem Spaß wurde am 24. Mai 2010 im Abaton Club in Prag blutiger Ernst, als der 19-jährige Daniel Nosek, so wie viele andere an dem Abend, versuchte, während des Konzertes die Bühne zu stürmen. Die heillos überforderte Security konnte die Fans nicht aufhalten, was Nosek das Leben kostete. Er schaffte es tatsächlich auf die Bretter und wurde von Blythe verärgert zurückgestoßen. Nosek schlug am Boden hart mit dem Hinterkopf auf und erlitt ein Schädel-Hirn-Trauma. Nach mehreren Wochen im Koma verstarb der junge Mann. Und Randy Blythe sah sich plötzlich mit dem Vorwurf konfrontiert, einen seiner eigenen Fans umgebracht zu haben. Allerdings erst, als er und seine Band schon längst über alle Berge und außer Landes waren. Die tschechischen Behörden fragten in den USA um Amtshilfe nach, dies wurde allerdings abgelehnt, und so wäre der Fall wohl in den Akten verstaubt, wenn Lamb of God nicht fast genau zwei Jahre später wieder in Prag landeten, um ein Konzert zu spielen.

Blythe sagte später aus, gar nichts von dem Tod des jungen Mannes zu wissen, was ihn nicht davor bewahrte, noch vom Flughafen weg in Untersuchungshaft gebracht zu werden, wo er insgesamt fünf Wochen verbrachte. Und das war kein Spaziergang, denn Blythe landete im berüchtigten Pankrác-Gefängnis, das 1885 erbaut worden war und bis heute ungefähr den gleichen Standard bietet. Die Gefangenen werden 23 Stunden am Tag in mit Ratten verseuchten Zellen ohne Warmwasserzugang eingesperrt. Duschen ist alle zwei Wochen erlaubt, gleiches gilt für das Telefonieren. Wenn denn der Strom funktioniert, was angeblich nur selten der Fall ist. Auch die Geschichte des Gebäudes liefert wenig Erbauliches, in Zeiten der Nazi-Besatzung von 1939 bis 1945 übernahmen Gestapo und SS das Kommando, über 1.000 Menschen sollen allein in dieser Zeit innerhalb der Mauern des Knastes geköpft worden sein. Kein Ort, an dem man länger als ein paar Minuten verweilen möchte. Viele Politiker und Aktivisten fordern seit langem die Schließung des Gefängnisses, bisher vergeblich.

Zurück zu Blythe, mit dem die Justiz nicht so richtig etwas anzufangen wusste. Ein amerikanischer Rockstar in Gewahrsam, das roch nach Ärger, zumal in den USA diverse Gruppierungen die Freilassung des Musikers forderten. Vor Ort gab es Streit um die Kaution, die schließlich bei 400.000 Dollar lag, das doppelte Jahreseinkommen von Blythe. Die Staatsanwaltschaft hatte Angst davor, der Sänger würde sich in die USA aufmachen und nie wieder kehren. Deshalb war sie strikt gegen eine Freilassung bis zum Prozess, später bot sie an, er könne freigelassen werden, dürfe aber das Land nicht verlassen. Ein Berufungsgericht kippte all das und ordnete die sofortige Freilassung von Blythe an. Dieser begab sich umgehend zum Flughafen, um in die USA zu fliegen. In einem Interview kurz vor dem Start erklärte er, dass er ein international tourender Künstler sei, der seinen Namen reinwaschen müsse. Selbstverständlich würde er zum Prozess in Prag erscheinen, obwohl ihm eine Strafe von fünf bis zehn Jahren Gefängnis drohe.

So kam es dann im November 2012 schließlich auch. Der von diversen TV-Kameras beobachtete Prozess (Gerichtsprozesse sind in der Tschechischen Republik grundsätzlich öffentlich) fand in Prag statt und dauerte sechs statt der geplanten vier Tage. Dabei wurde festgestellt, dass der Frontmann an diesem Abend nicht unter Alkoholeinfluss stand, von Drogen hatte sich Blythe eh schon immer ferngehalten. Seine Nachtblindheit in Verbindung mit dem Rauch und dem flackernden Licht auf der Bühne führte zu der Katastrophe. Wesentlich mehr Schuld traf dann auch den Veranstalter und Clubbetreiber. Im Prozess kam heraus, dass die Crew von Lamb of God die Band vor dem Gig warnte, das Venue war hoffnungslos überfüllt, es gab viel zu wenig Security vor der Bühne und keine Absperrgitter. Die Fans konnten also fast ungehindert die Bühne stürmen, schon vor Noskes unglücklichem Sturz waren mehrere Fans zu den Musikern gelangt und hatten diese umarmt. In dem Chaos, so das Gericht abschließend, war es auch für die erfahrenen Bandmitglieder nicht mehr möglich, den Überblick zu behalten. Das Gericht gab Randy Blythe eine moralische Schuld am Tod des jungen Mannes, diese sei aber nicht justiziabel. Die Hauptschuld trugen Veranstalter und Security.

Die Staatsanwaltschaft kündigte an, in Berufung zu gehen, und tadelte Blythe dafür, nie Kontakt mit der Familie des Verstorbenen aufgenommen zu haben. Blythe antwortete später, dass er sich nach dem Verfahren privat mit der Familie getroffen habe und sie ihm nie einen Vorwurf gemacht hätte. Im Berufungsverfahren ein paar Monate später, das ohne die Anwesenheit des Sängers stattfand, wurde das ursprüngliche Urteil bestätigt. Kollegen wie Ozzy Osbourne, Tom Araya von Slayer oder Dave »Oderus Urungus« Brockie von Gwar sprachen sich für Blythe aus, der drei Jahre später mit einer Schadensersatzklage scheiterte. Er forderte durch seine Anwälte

15 Millionen tschechische Kronen (rund 593.000 Euro) vom Staat als Ersatz für immateriellen Schaden, den er durch den Prozess erlitten habe. Zudem versuchte er rund 21.700 Euro als Ausgleich für seine Haftzeit zu erstreiten. Das Gericht bewilligte 1.460 Euro und ging damit laut eigenen Aussagen bereits ans obere Limit des in Tschechien üblichen Satzes. Alle anderen Forderungen wurden abgewiesen. 2020 sagte Blythe aus, dass er gerne wieder in der Tschechischen Republik auftreten würde, dies aber immer mit der Familie von Daniel Noske absprechen würde. Ein halbwegs versöhnliches Ende einer Geschichte, die kein Happy End haben kann.

Weit weniger medialen Staub wirbelte die Geschichte von Joe Frankulin auf, die sich 2015 zutrug. Das mag damit zu tun haben, dass seine Band Goatlord zu diesem Zeitpunkt schon länger nicht mehr aktiv war, außerdem kennen wohl nur echte Experten und Sammler die beiden offiziellen Veröffentlichungen, die 1991 beziehungsweise 1992 erschienen. Der Gitarrist, der optisch ein wenig an Shane Embury von Napalm Death erinnert, sah auf Promofotos schon damals aus, als müsste man nicht unbedingt mit ihm befreundet sein. Aber das hat in der Metal-Szene bekanntlich wenig zu heißen. Dass mit ihm irgendwas nicht stimmte, mussten seine Nachbarn spätestens 2015 feststellen. Denn Frankulin verkaufte innerhalb weniger Wochen sein gesamtes Hab und Gut und verbarrikadierte sich in seiner Bude in Las Vegas. Fenster und Türen wurden mit Brettern und Verkehrsschildern zugenagelt, die er von Gott weiß wo anschleppte. Anwohner verständigten die Polizei, die allerdings nicht eingreifen konnte, da er bis zu diesem Zeitpunkt noch nicht straffällig geworden war. Das änderte sich am 2. Oktober, als er ins Nachbarhaus ging, seine 39-jährige Nachbarin erschoss und deren 8 Jahre alten Sohn entführte. Frankulin brachte das Kind in seinem Haus um, bevor er sich selbst in den Kopf schoss. Später wurde er als »psychisch instabil« beschrieben. Ja, so könnte man das auch ausdrücken.

Schon mal von dem 55-jährigen Theobald Brooks Lengyel gehört? Macht nichts, der Kollege gehörte zu den Gründungsmitgliedern von Mike Pattons seltsamem Projekt Mr. Bungle und spielte dort zehn Jahre Keyboards, Klarinette und Saxophon. Anschließend wurde er gefeuert, weil er sich musikalisch nicht weiterentwickelte und ward nie wieder gesehen. Zumindest nicht in der Metal-Szene oder drumherum. Dafür tauchte er in den US-Nachrichten auf. Denn im Dezember 2023 strangulierte er seine 61-jährige Lebensgefährtin Alice »Alyx« Kamakaokalani Herrmann (das ist mal ein Name) in seinem Haus in Kalifornien. Lengyel, der wie ein harmloser und erfolgloser Immobilienmakler aussieht, wurde umgehend verhaftet, nachdem der Geländewagen der von ihren Angehörigen als vermisst gemeldeten Alyx in der Nähe seiner Unterkunft und bald darauf die Leiche in einem nahen gelegenen Park entdeckt worden war. Im Herbst 2024 folgte das Urteil: lebenslange Haft. Denn seine Frau hatte im Todeskampf anscheinend ihr Handy eingeschaltet oder auf Festnetz jemanden angerufen, ihre letzten Minuten und der Kampf um ihr Leben wurden jedenfalls aufgenommen und während der Verhandlung auch abgespielt. Schlechte Karten für Theobald, der sich aus unbekannten Gründen auch »Mylo Stone« nennt, was ihn noch seltsamer erscheinen lässt. Nun kann er seine Klarinette hinter Gittern blasen. Wenn er Glück hat.

Andere Geschichten haben ein glückliches Ende, weil sich der feine Herr Rockstar nicht schmutzig machen wollte. Denn so ein Mord ist ja immer auch ein bisschen unappetitlich. Und wenn es sich auch noch um die eigene Ehefrau handelt, fällt der Verdacht sowieso schnell auf einen selbst. Also, dachte sich Timothy Lambesis, heuern wir für den nervigen Job doch lieber jemand anderen an. Dabei begann die Geschichte des Metalcore-Stars doch so schön. 2004 heiratete der bis dahin noch bekennende Christ seine Freundin Meggan Murphy und adoptierte mit ihr drei Kinder, alle aus Äthiopien (Brangelina, irgendwer?). Lambesis feierte mit seiner Band As I Lay Dying (hihi, wenn man weiß, was gleich kommt) große Erfolge. Aber laut seiner Frau veränderte er sich im Laufe der Jahre, die Beschäftigung mit seinem Körper nahm ein ungesundes Ausmaß an. Er verbrachte mehr Zeit in der Muckibude als sonst wo, außerdem ließ er sich den ganzen Körper mit Tattoos von Jesus und anderem spirituellen Kram zukleistern. Die Tattoo-Sucht ihres Gatten kostete Tausende von Euro, und As I Lay Dying sind nun auch nicht Led Zeppelin. Also kam es zu Streitereien, die Lambesis auf ungewöhnliche Weise beendete. Von einer laufenden Tour 2012 schrieb er seiner Frau per Mail, dass er a) eine Affäre habe, die er fortzusetzen gedenke, und b) nicht mehr an Gott glaube. In einem öffentlichen Statement führte er zudem aus: »Das Studium der Theologie hat mich zu der Erkenntnis gebracht, dass Traditionen und Wahrheit oft im Gegensatz zueinanderstehen.« Potztausend, was für eine Offenbarung. Bis zu dieser Stelle wäre es noch die Privatsache des Sängers gewesen und auch geblieben, wenn der Zoff mit seiner Frau nicht weitergegangen wäre. Schließlich reichte sie die Scheidung ein. Vielleicht fürchtete er um das Sorgerecht für seine Kinder, vielleicht um sein Geld, auf jeden Fall fragte Tim im Fitnesscenter einen Bekannten, ob der jemanden kenne, der seine Frau umbringen könne. Besagter Trainingskollege ging zum Schein darauf ein, benachrichtigte die Polizei, die einen Undercover-Agenten als vermeintlichen Mörder auf den Musiker ansetzte. Unser Ex-Christ zeigte sich begeistert, zahlte gleich mal 1.000 Dollar an, übergab dem »Killer« alle Infos über seine Frau (inklusive des Codes für den Zutritt aufs Grundstück) und verbrachte als Alibi einen Abend mit seinen Kindern, wenn der Mord geschehen sollte. 20.000 Dollar hätte er sich die Nummer kosten lassen. Das reichte der Polizei, sie nahm den Musiker im Mai 2013 fest, ein Gericht urteilte, dass Lambesis eine Gefahr für die Gesellschaft darstellte und sperrte ihn ein. Bei seiner ersten Anhörung plädierte er trotz der Tonbandaufnahmen des Polizisten auf unschuldig. Nach einigem Hin und Her gab es eine zweite Anhörung, da er bei der ersten unter dem Einfluss seiner massiven Steroid-Abhängigkeit stand. Dieses Mal plädierte er auf schuldig und wurde 2014 für sechs Jahre verknackt.

Aus dem Knast heraus bezeichnete er sich selbst als Atheisten und die Masche, As I Lay Dying als gläubige Truppe zu verkaufen, als Marketingidee. Das erzürnte die anderen Bandmitglieder, die ihre Fans dazu aufriefen, gemeinsam zu beten. Für wen oder was wurde nicht bekannt. Ebenfalls noch aus dem Knast heraus verklagte der umtriebige Sänger zwei Arrestanstalten auf 35 Millionen Dollar, die sich weigerten, ihm das Mittel Arimidex zu verschreiben. Dieses wird eigentlich zur Vorsorge gegen Brustkrebs verordnet, dämpft aber auch die Entzugserscheinungen bei einer Entziehung, speziell bei Steroiden. Da sich die Gefängnisärzte weigerten, entwickelte unser Tim angeblich Brüste und durchlief emotionale Stressphasen. Die Klage wurde abgelehnt. Bereits im Dezember 2016 wurde der ehemalige Metalcore-Star auf Bewährung entlassen, heiratete wenige Monate später seine zweite und nach einer fixen Scheidung bald darauf seine dritte Frau. Zudem belebte er seine Band As I Lay Dying mit neuen Musikern wieder (die im Herbst 2024 alle wieder von Bord gingen), veröffentlichte 2020 ein Album, konnte aber nicht mehr an die alten Erfolge anknüpfen. Der Ruf der Person Lambesis hat in der Szene doch arg gelitten. Ein bis dato letztes Mal für große Schlagzeilen sorgte er im Dezember 2020, als er sich beim Versuch, mit Benzin ein Feuerwerk in Gang zu bringen, selbst entzündete und über 25 Prozent seiner Haut verbrannte. Ob wir von diesem Mann noch einmal etwas hören werden, wissen die Götter. Und die sollen auch nicht gut auf Tim Lambesis zu sprechen sein.

Sein australischer Kollege Phil Rudd scheint ähnlich gelagert zu sein, nur ohne Jesus-Tattoos und Bodybuilding. Auch liegen mehr als 25 Jahre zwischen den beiden Musikern, was aber nicht bedeutet, dass der wohl wichtigste Schlagzeuger in der Karriere von AC/DC deutlich weiser wäre. Fast zeitgleich zum Fall Lambesis kam Rudd, der mit bürgerlichem Namen übrigens Phillip Hugh Norman Witschke Rudzevecius heißt, auf eine sehr ähnliche Idee. Nur dass bei ihm nicht die Ehefrau, sondern zwei Geschäftspartner dran glauben sollten. Er bat seinen persönlichen Assistenten mehrmals darum, die beiden (später war nur noch von einem die Rede) »loszuwerden«. Dafür zeigte er sich nicht so knickerig wie sein US-Kollege, sondern bot für den Job 143.000 Dollar, ein Motorrad sowie einen seiner Sportwagen oder ein Haus. Damit lässt sich doch mal etwas anfangen.

2014 bekam Phil Besuch von der Polizei, die in seinem Haus einiges an Drogen entdeckte. Der Vorwurf, einen Mord beauftragt zu haben, wurde vorläufig fallen gelassen, da er nicht zu beweisen war. Dafür interessierte sich die Presse nun für Rudds Privatleben. Von Sexorgien und Drogenpartys war die Rede. 2015 erschien der Rockstar vor Gericht (nach mehreren Hausarresten, die er ignoriert hatte), pöbelte dort Journalisten an und gab sich so, wie sich die Anklage das vorgestellt hatte. Später sagte er, der Mordauftrag (zu dem er sich schließlich schuldig bekannte) sei der Drogenabhängigkeit geschuldet, die wiederum in persönlichen Problemen und dem Flop seines Soloalbums begründet sei. Für AC/DC gab Angus Young zu Protokoll, dass eine Zusammenarbeit mit Rudd seit 2014 kaum mehr möglich gewesen sei, da er entweder viel zu spät und in miserablem Zustand oder gar nicht zu vereinbarten Probe- und Presseterminen erschien. Rudd fand einen zahmen Richter, der den Mordauftrag tatsächlich auf Rudds Drogenabhängigkeit schob und ihn zu acht Monaten Hausarrest, einer Strafe von etwas mehr als 60.000 Euro und einem Drogenentzug verurteilte. 2020 ereilte ihn der heiß ersehnte Anruf von AC/DC, die ihn einluden, das Album »Power Up« einzuspielen. Bei der Tour durfte er allerdings nicht dabei sein, wahrscheinlich war Young das Risiko eines Rückfalls zu groß. Stattdessen saß Matt Laug (Alice Cooper, Slash's Snakepit) an den Kesseln, dessen Weste so weiß ist wie frisch gefallener Schnee.

Dass es nicht immer die von Drogen umnebelten Rockstars sein müssen, die Mord und Totschlag praktizieren, beweist der tragische Tod von Dimebag Darrell, der mit Pantera der Welt den Groove Metal lehrte und denn man heute sehr wahrscheinlich als einen der wenigen noch lebenden Gitarrenhelden der Champions League verehren würde. Würde. Wenn nicht ein gewisser Nathan Gale am 8. Dezember 2004 den Alrosa Villa Club in Columbus, Ohio betreten hätte. In dem Club, der an eine heruntergekommene Scheune mitten im Nirgendwo erinnert, standen an diesem Abend Damageplan auf der Bühne. Nach der Auflösung von Pantera das neue Projekt der Abbott-Brüder, das bis zu diesem Zeitpunkt nicht ansatzweise so erfolgreich war wie Pantera. Aber Dimebag machte es anscheinend nichts aus, nach den großen Arenen wieder in abgewrackten Clubs aufzutreten. An diesem Abend spielte seine Band gerade den ersten Song, als Gale mit einer Pistole bewaffnet die Bühne betrat und Darrell mit vier Schüssen niederstreckte. Der Chef der bandeigenen Security, Jeffrey »Mayhem« Thompson, riss den Angreifer um und wurde während des Kampfes erschossen. Eine weitere Kugel traf den Club-Angestellten Erin Halk, der Gale zu überwältigen versuchte, als dieser nachladen musste. Und schließlich verlor auch der Fan Nathan Bray sein Leben, als er den Angreifer stoppen wollte. Erst die Kugel des Polizeibeamten James Niggemeyer beendete das Blutbad, auch der Täter starb noch vor Ort. Später stellte sich heraus, dass Nathan Gale an psychischen Problemen litt. Er gab Dimebag die Schuld an der Pantera-Auflösung kaum anderthalb Jahre zuvor und wollte ihn bestrafen, dass er ihm seine Lieblingsband weggenommen hatte. Stattdessen bestrafte Gale die komplette Metal-Welt, riss eine riesige Lücke und löste eine regelrechte Hysterie aus. Plötzlich hatte jeder Künstler Angst, dass ein »Fan« die Bühne stürmen und ihn oder sie attackieren könnte. Der Einlass zu einem nur wenige Wochen später stattfindenden Auftritt von Doro Pesch im niedersächsischen Hannover ähnelte einer Ganzkörperuntersuchung am Flughafen, überall wurde zusätzliche Security eingestellt. Doch die Gemüter beruhigten sich wieder, alles geht seinen gewohnten Gang. Nur Dimebag fehlt immer noch.

Einen noch perfideren Weg wählten die Sleaze-Rocker von Guns N' Roses. Weder beauftragen sie jemanden zu morden, noch ließen sie sich selbst meucheln. Nein, sie verhalfen einem der bekanntesten und beklopptesten Sektenführer der Geschichte zu zusätzlichem musikalischen Ruhm. Charles Manson, der sich zeitlebens mal für Jesus, mal für Satan, mal für Aleister Crowley hielt und erwartete, nach dem Tod die Beatles als »Engel der Glückseligkeit« zu treffen, war neben seiner Eigenschaft als Sektenführer und Anstifter zu verschiedenen Morden auch noch Rassist und Musiker. Zeitlebens klimperte er seine unbedeutenden Gitarrenstücke ein, brachte es aber nie zu irgendwas. Selbst als er die Beach Boys für kurze Zeit auf seine Seite ziehen konnte, blieb nichts hängen. Prima, dachten sich Guns N' Roses, dann verhelfen wir dem armen Mann mit dem eingeritzen Hakenkreuz im Schädel eben mal zu ein bisschen Ruhm. Damit waren sie nicht alleine unterwegs, auch Bands wie Skinny Puppy, The Lemonheads und natürlich Marilyn Manson bedienten sich am »künstlerischen Werk« des Sektenführers. Der Fall von Guns N' Roses wirbelte allerdings am meisten Staub auf.

Eigentlich zum Tode verurteilt, saß Manson bis zu seinem Ableben 2017 bei Wasser und Brot, da die Todesstrafe kurz nach seiner Verurteilung verboten wurde, und langweilte sich. Wahrscheinlich auf Frontmann Axls Betreiben hin, er rannte schon ein Jahr vor der Veröffentlichung mit einem Shirt von Manson herum, platzierten die Gunners die Nummer »Look at your Game, Girl« von Manson auf ihrem ziemlich überflüssigen Cover-Album »The Spaghetti Incident?« von 1993. Zwar nur als »Hidden Track« (das war damals total in), aber immerhin. Im Vergleich zu den sonstigen Verkaufszahlen der Gunners ging dieses Album »nur« fünf Millionen Mal über den Tisch, aber für einen im Knast sitzenden Hobbymucker ist das schon mal eine Ansage. Er hatte das Stück bereits 1968 geschrieben und erwartete einen warmen Geldregen. Pustekuchen, denn das Geld ging zu Teilen an den Sohn eines seiner Opfer und an eine Organisation zum Schutz von Opfern von Gewaltverbrechen. Zylinder-Gitarrist Slash zeigte sich ob der sehr negativen Reaktionen auf diese Cover-Version überrascht, es sei nur der »schwarze Humor« der Band gewesen, der sie dazu inspiriert habe. Selbst Axl ruderte zurück, der Song wurde später vom Album entfernt, die Plattenfirma Geffen entschuldigte sich. Da kann man nur drei Kreuze machen, dass Typen wie Hitler oder Stalin keine Musik gemacht haben. Wer weiß, wo die überall aufgetaucht wäre.

Allerdings haben die Möchtegern-Nachfahren von Hitler, Goebbels und Co. einen Metal-Fan auf dem Gewissen, für dessen Mord sie nicht mal adäquat verurteilt wurden. Am 19. Februar 1993 überfiel eine Gruppe von Neonazis den Club Nachtasyl in Hoyerswerda. Zuvor hatte dort ein Konzert mit der Death-Metal-Band Necromancer und einer weiteren lokalen Combo stattgefunden. Einige Skinheads (die gab es damals noch) versuchten, während des Konzerts in den Club zu gelangen, wurden aber abgewiesen. Sie kehrten nach dem Gig mit Verstärkung zurück und überfielen die verbliebenen 50 Fans und Musiker. Der 22 Jahre alte Mike »Zander« Zerna fuhr die Band Necromancer mit seinem Van und war gerade dabei, ihr Equipment zu verladen. Er wurde bewusstlos geschlagen, anschließend warfen mindestens vier rasierte Trottel Mikes Transporter um. Er wurde darunter begraben. Polizei und Rettungskräfte brauchten über eine Stunde, um am Ort zu sein, ein Grund, warum der junge Mann wenige Tage später seinen schweren Verletzungen erlag. Die Richter und selbst die Staatsanwaltschaft zeigten, wie zu oft, vollstes Verständnis für die Täter und gaben laut einem Bericht der Amadeu Antonio Stiftung (ihr Namensgeber war ebenfalls ein Opfer rechter Gewalt) eine atemberaubende Begründung für die milden Urteile (die Angeklagten kamen tatsächlich mit Bewährungsstrafen und einer nur vierjährigen Haftstrafe für den Anführer des Überfalls davon). Zum einen hätten die Täter nicht gesehen, dass das Opfer neben seinem Van lag. Also Totschlag. Außerdem seien die Angreifer politisch nicht sehr gebildet, deshalb hätten sie in der rechten Szene ein »falsches Zusammengehörigkeitsgefühl« entwickelt. Das wurde allen Ernstes als strafmildernd bewertet und führte dazu, dass die Staatsanwaltschaft keine politische Motivation in dem Überfall sah. Zudem seien fast alle Täter zum Zeitpunkt der Verhandlung aus der rechten Szene ausgestiegen (einer erhängte sich während der Untersuchungshaft in seiner Zelle), was ebenfalls strafmildernd bewertet wurde. Also richtige Nazis sind blöd und damit nicht zu hart zu bestrafen. Und Nazis, die nach einem Mord zu Aussteigern werden, tun das Richtige und deshalb darf man sie auch nicht angemessen verurteilen, oder wie? Wem bei solchen Sachverhalten nicht die Halsschlagader pulsiert, der ist entweder tot oder ein überzeugter Neonazi. Doch es kommt noch schlimmer. Der Sänger von Necromancer, der den Angriff miterlebte und dessen Scheiß Mike Zerna an diesem Abend in sein Auto lud, engagierte sich um 2006 kommunal in der NPD (seit 2023 Die Heimat). Er wurde Pressesprecher des Kreises Spreewald und schrieb krude Bücher, wie ein neues Deutschland seiner Meinung nach aussehen müsste. Es gibt auf dieser Welt nicht genug Currywürste, so viel möchte man kotzen.

Verhandlungsunterbrechung

Balls to the Wall

Superior Suite mit Meerblick geht irgendwie anders.

Wir bekommen es in diversen Umfragen mitgeteilt, von Freunden in bierseliger Runde ins Ohr gebrüllt, von unserem Haustier durch Schwanzwedeln angezeigt und sagen es jeden Tag unserem Spiegelbild: Heavy-Metal-Fans sind die geilsten Säue der Welt. Hoch gebildet, bestens erzogen, reflektiert, empathisch, klimaneutral und niedlich. Manchmal eine Spur zu laut, aber auf diesem immer mieser werdenden Planeten immer noch das Beste, was die angebliche Krone der Schöpfung zustande gebracht hat. Und doch hocken Heavy-Metal-Fans im Knast. Wie funktioniert so ein Metal-Leben hinter Gittern?

Gut, die Matte darf schon mal dran bleiben, wir sind hier ja nicht bei der Bundeswehr und müssen gen Osten durch den Matsch kriechen. Wer seine Zotteln weiter züchtet, läuft natürlich Gefahr, bei der kommenden Rudeldusche mit Susi angesprochen zu werden. Wenn dann ein Säuberungsutensil oder ein Handtuch zu Boden fällt, ist zwar nicht Polen offen, aber möglicherweise etwas Anderes. Also besser wieder rein in die Klamotten. Ein oder zwei Metal-Shirts dürfen je nach Bundesland und Anstalt mitgebracht werden, es sollte vielleicht nicht unbedingt »Fuck the Police« oder so darauf zu lesen sein. Die Kutte bleibt zu Hause (oder landet im Altkleidersack, je nach Länge der Haftdauer), für die kleinen Ausflüge auf den Innenhof wird ein Überwurf gestellt. Wem seine Kutte heilig ist, kann sie ja von Angehörigen luftdicht verpackt im Wald vergraben lassen. Am besten gleich neben der Beute aus dem für die Strafe ursächlichen Banküberfall, damit man beides später noch verwenden kann.

Die Zelle darf nach eigenem Gutdünken dekoriert werden, so lange die Übersichtlichkeit gewahrt bleibt. Ein paar Poster von Slayer und Motörhead dürfen also sein. Es sei denn, der Zellengenosse ist ein zwei Meter großer Rapper, der andere Pläne hat. Die Poster dürfen aus Zeitungen und Zeitschriften stammen, die grundsätzlich ebenfalls erlaubt sind. Wenn sie nicht das harmonische Anstaltsumfeld stören. Politische Schriften aus der extremen Ecke sind also ebenso verboten wie Anleitungen zum gewaltsamen Ausbruch. Ärgerlich. Der wirkliche Schock kommt aber noch: Musikabspielgeräte jeglicher Art sind in den meisten Einrichtungen verboten, beziehungsweise werden sie von der Anstalt zur Verfügung gestellt. Und wer die Ausstattung deutscher Schulen kennt, kann sich den Rest denken. CD-Player? MP3-Player? Wenigstens ein Kassettendeck? Pustekuchen, ein schönes Radio gibt es. Natürlich ohne Zugang zum Internet. Da bleibt nur die Hoffnung, dass der NDR, radioeins, oder was halt gerade empfangbar ist, wenigstens einmal am Tag einen Song von Queen spielt. Tipp: Auf dem anzumietenden Fernseher besteht immerhin die Chance, dass arte oder 3sat einmal im Vierteljahr ein Live-Konzert einer relevanten Band ausstrahlt. Aber wahrscheinlich nach 22 Uhr, da herrscht leider strikte Nachtruhe. Ansonsten die eigenen Lieblingssongs vor Haftantritt auswendig lernen und täglich absingen, falls der Zellengenosse ... Sie wissen schon.

Da der Tagesablauf sonst dem eines Seniorenheims ähnelt (Frühstück um sechs, Mittag um halb zwölf, »Abendessen« um halb fünf, dazwischen ein bisschen Arbeit zur Ablenkung), bleiben auch nur wenige Stunden zum Musikhören. Kein Problem, dann gönn ich mir halt ohne Mucke einen Feierabendschluck. Aber auch hier ist's Essig mit den normalen Gewohnheiten. Einfach mal zum nächsten Kiosk tigern (heißt hier übrigens Anstaltskaufmann) und drei Halbe plus Stimmungsaufheller für sich und die Kumpels ordern, ist nicht. Alkoholverbot im ganzen Gebäude. Es sei denn, die Sekretärin in der Verwaltung wird 40, aber da haben die Häftlinge nichts von. Und das selbstgebraute oder -gebrannte Zeug aus Bananenschalen, Milch, Brotresten und weiteren Köstlichkeiten der Sterneküche soll laut Testpersonen wie die destillierten Körperausscheidungen eines Faultiers schmecken. Da helfen auch die 100 bis 300 Euro nicht, die man von draußen als Bargeld mit hineinbringen darf. So ausgebremst, können einem zehn Jahre schon mal wie zehn Leben vorkommen. Zumal auch Musikinstrumente, zumindest auf der Zelle, verboten sind. Denn was könnte man nicht alles mit einer Gitarrensaite oder einem angespitzten Drumstick anstellen? Von den Stahltrossen eines Basses oder einem kompletten Keyboard mal ganz abgesehen. »Wachmann, bleiben Sie stehen und geben Sie mir alle Schlüssel und freies Geleit, oder ich haue Ihnen den Klimperkasten um die Ohren, bis es raucht.« Man mag es sich nicht vorstellen.

Wer also ein einigermaßen normales und geregeltes Metaller-Leben verbringen möchte, sollte entweder sauber bleiben oder sich nicht erwischen lassen. Damit Accepts »Balls to the Wall« weiterhin in trauter Freundesrunde gegrölt werden kann, anstatt es in der Gruppenzelle leise summen zu müssen. Denn fürs leise Summen wurden Songs wie dieser nicht komponiert.

Strafakte 6

Unter der Gürtellinie

Manche Motive sprechen für sich. Steven Tyler von Aerosmith wohnt schon mal Probe.

Seien wir ehrlich, was in den letzten fünf Jahrzehnten Heavy Metal hinter verschlossenen Backstage-Türen abgegangen sein mag, würde ein Buch vom Umfang der »Encyclopedia Britannica« ergeben. Sex, Drugs and Rock'n'Roll, es wird einen Grund geben, dass Sex am Anfang dieser Phrase steht. Und ewig lockt das Weibe (oder der Typ), die Propaganda für die Fleischeslust ist ein Grund dafür, dass Kirchen und andere Sittenwächter harte Gitarrenmusik so gar nicht leiden können. Solange alles im gegenseitigen Einverständnis abläuft, ist das kein Problem, nur leider gibt es immer wieder Beispiele dafür, dass es genau daran mangelt. Historisch betrachtet wurden Figuren wie Iggy Pop oder David Bowie für ihre Grenzüberschreitungen gefeiert, egal ob es um Drogen, Orgien oder sexuellen Kontakt zu Minderjährigen geht. Und solche Meldungen sind nicht auf die Rockmusik beschränkt. Im Pop oder Hip-Hop geht es keinesfalls harmloser zu, wie die Beispiele R. Kelly oder P. Diddy zeigen. Doch bleiben wir bei unseren Leisten und schauen uns einige Fälle genauer an.

Nightwish-Manager Ewo Pohjola wurde zum Beispiel im Herbst 2024 wegen leichter Körperverletzung angeklagt. Er soll auf einer Musikmesse in Tampere, Finnland im Jahr 2023 in offensichtlich betrunkenem Zustand eine Frau gewürgt und eine weitere mehrfach an den Haaren zu sich herangezogen haben. Der Veranstalter der Messe gab an, dass es einen Vorfall mit Fehlverhalten eines Teilnehmers der Messe gab und dieser deshalb vor die Tür gesetzt wurde. Pohjola wiederum meinte, dass er mit mehreren Mitgliedern seines Unternehmens vor Ort gewesen sei und niemand etwas von einem angeblichen Fehlverhalten mitbekommen habe. Die Band Nightwish wollte sich zu den Vorkommnissen bis zu einer Urteilsverkündung nicht äußern. Könnte sein, dass da jemand demnächst wieder sehr viel Tagesfreizeit hat, wenn sich die Vorwürfe bestätigen.

Ganz weit vorne dabei ist auch Brian »Marilyn Manson« Warner, zumindest wenn man den Vorwürfen gegen ihn Glauben schenkt. Eine persönliche Assistentin, die ihn wegen sexueller Belästigung anzeigt, ist da noch das Harmloseste (wobei sich eine Wertung von außen natürlich verbietet). 2021 zeigte die Schauspielerin Evan Rachel Wood den Warner wegen multiplem Missbrauch an. Ihre mehrjährige Beziehung hielt bis 2010. Noch am selben Tag meldeten sich mehrere Frauen, die ähnliche Erfahrungen gemacht hatten. Warner stritt zwar alles ab, aber mehrere Partner, darunter seine Plattenfirma und seine Künstleragentur, trennten sich von ihm. Die Schauspielerin Esmé Bianco (»Game of Thrones«) gab zum Beispiel an, er habe sie während des Sex mit einem »Nazi-Messer« geschnitten. Am schlimmsten sind die Vorwürfe einer anonymen Klägerin, die ihre Geschichte zuvor schon in Podcasts und Interviews erzählt hatte. Demnach habe sie Manson im Alter von 16 Jahren ab 1995 in seinem Tourbus vergewaltigt. Andere Bandmitglieder und sein Manager sollen zugegen gewesen sein. Anschließend habe man ihr eine geheime Telefonnummer gegeben, unter der sie sich melden konnte, wenn Manson in der Gegend einen Auftritt hatte. Angeblich wurde sie noch mehrfach von ihm missbraucht, zum letzten Mal im Alter von 19 Jahren. Warner sagte, er habe die Frau noch nie in seinem Leben gesehen und holte seinerseits zum Gegenschlag aus. Er verklagte Evan Rachel Wood 2022 als Stein des Anstoßes wegen Verleumdung und wollte Schadensersatz, weil seine Karriere durch ihre Vorwürfe Schaden genommen habe. Ende 2024 ließ er die Klage fallen und zahlte seiner ehemaligen Freundin über 300.000 Euro Anwaltskosten. Das Model Ashley Morgan Smithline erhob 2022 ebenfalls Vorwürfe wegen sexueller Belästigung, zog diese allerdings wieder zurück. Sie gab an, von Frauen wie Bianco und Wood zu ihrer Aussage genötigt worden zu sein, was diese wiederum bestritten. Auch Ex-Frau Dita Von Teese, sieben Jahre lang mit Manson liiert und mehrere Jahre mit ihm verheiratet, gab an, dass in ihrer Zeit solche Vorfälle nicht stattgefunden hätten. Fakt ist, dass Manson seit ein paar Jahren jede Menge Probleme hat, die sich nicht so einfach wegwischen lassen. Bereits im Jahr 2001 wurde er angeklagt, nachdem er auf der Bühne, nur mit einem G-String bekleidet, sich hinter einen Security-Mitarbeiter setzte, seine Beine um ihn schlang und seine Kronjuwelen am Kopf und Nacken des Herrn rieb. Der Herr namens Joshua Keasler fand es nicht ganz so lustig und verklagte den Sänger wegen sexueller Belästigung. Man einigte sich 2004 außergerichtlich.

Ein weiteres Schwergewicht in Sachen Sex, Drogen und überhaupt ist Aerosmith-Sänger Steven Tyler, dessen diverse

Besuche in Entziehungskliniken über die Jahrzehnte wahrscheinlich ganze Abschlussjahrgänge von medizinischem Personal in Lohn und Brot gehalten haben. Dazu kommt aber noch eine Affäre mit einer 16-Jährigen, die er 1973 als Mittzwanziger für mehrere Jahre unterhielt. Julia Holcomb, die anschließend mehrfach ihren Namen wechselte, soll für drei Jahre die Partnerin von Tyler gewesen sein. Um legal mit ihr zusammen wohnen zu können, sicherte er sich die gesetzliche Vormundschaft. Das heißt wohl, den Bock zum Gärtner machen. Denn die beiden nahmen nicht nur fleißig Drogen, Holcomb wurde auch noch schwanger von Tyler. Dieser befürchtete dann allerdings, dass das Kind durch die vielen Exzesse Schaden nehmen könnte und drängte seine Partnerin (oder riet ihr, je nach Sichtweise) zu einer Abtreibung. Der Fall sorgte schon in den 1970ern für Schlagzeilen, kam aber erst 2022 vor Gericht. Holcomb beschuldigte Tyler unter anderem, sie manipuliert und sexuell missbraucht zu haben. Der Fall zog sich über Monate hin, in dieser Zeit hätte auch die Abschiedstournee von Aerosmith stattfinden sollen. Die wurde offiziell wegen Stimmbandproblemen abgesagt, Gerüchten zufolge hätte der Sänger mit der in jeder Hinsicht riesigen Klappe die USA eh nicht verlassen dürfen. Tyler wurde 2023 freigesprochen, unter anderem weil er sich als damaliger Vormund auf seine Immunität berief. Der Fall wurde auch in der Dokumentation »Look Away« (2021) aufgegriffen, in der mehrere Fälle von sexuellem Missbrauch in der Rockmusik behandelt werden. Courtney Love, Ex-

Frau von Nirvana-Frontmann Kurt Cobain, behauptete auf Instagram, sie wisse sicher von einem weiteren Fall, in dem Tyler sich die Vormundschaft für ein 13-jähriges Mädchen gesichert habe und ähnlich verfahren sei. Mehr als diese Behauptung kam dann allerdings nicht. Den gleichen »Trick« wandte auch Ted Nugent an, der heute vor allem durch ultrakonservative und bisweilen völlig durchgeknallte Kommentare auffällt. Der Gitarrist und Sänger führte in den 1970ern eine Beziehung mit der 17-jährigen Pele Massa und soll sich dafür die Vormundschaft bei ihren Eltern besorgt haben. Sein angeblicher Kommentar damals: »Sie dachten wohl, besser Ted Nugent als so ein drogensüchtiger Punk aus der Highschool«. 2018 bestritt Nugent die damaligen Vorfälle und meinte, er habe Pele nie adoptiert. Eine Beziehung hat er trotzdem mit ihr geführt.

Neben Tyler ist in dem Film auch von Axl Rose die Rede, der 1989 high und betrunken das ehemalige Erotik-Model Sheila Kennedy in einem New Yorker Hotelzimmer sexuell genötigt haben soll. Da der Staat New York eine spezielle Vorschrift erlassen hat, die es den Opfern ermöglicht, ihren Fall vor Gericht zu bringen, auch wenn die Verjährungsfrist erreicht ist, musste Rose sich verteidigen und stritt alle Vorwürfe ab. Er habe die Frau noch nie in seinem Leben gesehen, so seine Aussage. Anscheinend ist der Fall noch nicht entschieden, bis zum Herbst 2024 gab es keine Meldung diesbezüglich. Sophie Cunningham, Regisseurin von »Look Away«, sagte in einem Interview mit Sky.com, dass »Musiker zu dieser Zeit gottgleiche Kreaturen waren. Es gab Strukturen, die sie schützten. Solange sie Platten verkauften und Geld für die großen Label machten, schien es ein generelles Verständnis dafür zu geben, dass sie mit allem durchkamen. Es wurde einfach als ein weiterer Exzess abgetan.« Passend dazu gründete in Schweden eine Gruppe von Frauen die Organisation #KillTheKing, in Anlehnung an die #MeToo-Bewegung. Die Damen aus Stockholm hatten die Schnauze voll von vermeintlichen Metal-Helden, die Frauen und nicht-binäre Menschen verspotten, beleidigen oder im schlimmsten Fall sogar sexuell belästigen. Und prompt erfolgte eine deutliche Reaktion. Die ziemlich zweifelhaften Deströyer 666 aus Australien lassen gerne mal sexistische oder auch rechtsradikale Sprüche vom Stapel. Als sie 2018 im Stockholmer Club Södra Teatern auftraten, widmeten sie der Bewegung einen Song, nicht ohne in übelster Weise gegen die Organisatorinnen der Gruppe auszuteilen. Frontmann Keith »K.K. Warslut« Bemrose keifte dermaßen aggressiv und unflätig, dass die örtlichen Hallenbetreiber anschließend ein lebenslanges Auftrittsverbot für die Band verhängten. Die Besitzer eines Clubs in San Francisco, wo Deströyer 666 wenige Zeit später mit Watain spielen sollten, luden die Band aufgrund dieses Vorfalls wieder aus. Watain wechselten anschließend den Club, damit ihre Freunde trotzdem auftreten konnten. Wenn Kumpel-Mechanismen greifen …

2004 musste sich der ehemalige Schlagzeuger von Judas Priest, Dave Holland, wegen versuchter Vergewaltigung und mindestens fünf sexuellen Übergriffen gegen einen geistig benachteiligten Schüler (17 Jahre) verantworten, der bei ihm Schlagzeugunterricht nahm. Holland, der 2018 starb, wurde zu acht Jahren Gefängnis verurteilt, die er komplett absaß. Bis zu seinem Tod wehrte er sich vehement gegen die Vorwürfe und schrieb einem Journalisten aus dem Knast heraus, dass die Umstände, wie man heute wegen vermeintlicher sexueller Vergehen im Gefängnis landen könne, sich nicht von denen der Hexenprozesse im 17. Jahrhundert unterschieden. Tatsächlich gab es als Beweis nur die Aussage des Opfers. Holland bestätigte zwar seine Bisexualität, war aber weder davor noch danach jemals juristisch auffällig geworden. Das zeigt, Sexualdelikte sind ein schwieriges Feld, weil es meist außer dem (vermeintlichen) Täter und dem (vermeintlichen) Opfer keine Zeugen oder andere Beweise gibt.

Ein eher ungewöhnlicher Fall kam im Oktober 2024 ans Licht, als sich Deryck Whibley, Sänger der Pop-Punker Sum 41, öffentlich äußerte. Er lernte den ehemaligen Manager der Band Greig Nori im Alter von 16 Jahren kennen, da war Nori bereits 34. Die beiden wurden Freunde, Nori zeigte dem jungen Musiker ein paar Kniffe in Sachen Songwriting. Und küsste ihn ungefragt, als die beiden an einem Abend zusammen Drogen nahmen. Whibley, später für ein paar Jahre mit Avril Lavigne verheiratet, wehrte sich nicht, war aber alles andere als einverstanden. Die Freundschaft hielt, und so war es quasi natürlich, dass Nori auch der Manager von Sum 41 wurde, der er bis 2005 auch blieb. Nori soll die unerfahrenen Musiker gerade zu Anfang ihrer Karriere massiv unter Druck gesetzt, den Kontakt zu ihren Eltern untersagt und ihre Beziehungen geheim gehalten haben. Whibley selbst meint in seiner Autobiografie, dass er erst mit dem Aufkommen der #MeToo-Bewegung und anschließenden Gesprächen mit seiner Ex-Frau Lavigne und seiner aktuellen Gattin verstanden habe, dass er auf verschiedene Weise missbraucht wurde.

Richtig widerlich wird es, wenn Kinder im Spiel sind. Aber auch dafür gibt es leider einige schwermetallische Beispiele. Stephen »Steve« Dawson wird einigen vielleicht noch als Bassist von Saxon ein Begriff sein. Er gehörte zu den Gründungsmitgliedern und war von 1978 bis 1986 bei den Briten aktiv. 1997 sicherte er sich hinter dem Rücken der Band gemeinsam mit Gitarrist Graham Oliver, der bis 1995 bei Saxon war, den Namen, was zur Folge hatte, dass ein paar Jahre zwei Saxons durch die Lande tourten. 2001 entschied ein Gericht, dass die beiden Abtrünnigen ihr Projekt in Oliver/Dawson Saxon umbenennen mussten. Fast überflüssig zu erwähnen, dass die falschen Saxon keinen großen kommerziellen Erfolg hatten, in ihrer Karriere vier Live-Alben und ein einziges Studioalbum zustande brachten und 2021 offiziell in Graham Oliver's Army umbenannt wurden, weil Dawson in Rente ging. Im Frühjahr 2024 wurde der Musiker von einem Gericht in Sheffield zu fünf Jahren Haft verurteilt. Er hatte in den frühen 1990ern ein Mädchen im

Alter von sechs Jahren viermal sexuell belästigt. Was genau passiert war, kam nicht an die Öffentlichkeit. Auch in England verjähren sexuelle Übergriffe an Minderjährigen unter bestimmten Umständen nicht, was man in diesem Fall nur begrüßen kann. Dawson wird einen Teil seiner Rente also hinter Gittern verbringen.

Gesiebte Luft atmet Karl Logan (bürgerlich: Karl Mozeleski) ebenfalls, wenn auch in den USA. Der ehemalige Gitarrist von Manowar, der über viele Jahre die Frisur von Katja Epstein auftrug, war bei den Fans nie sonderlich beliebt. Irgendwie hatte der schüchterne und überschaubar talentierte Musiker (Jahrgang 1975) etwas Unangenehmes an sich, ohne dass man es genau beschreiben konnte. Er wurde am 9. August 2018 in North Carolina verhaftet. In seinem Besitz fanden sich mehrere Kinderpornos (Filme und/oder Bilder), in denen Mädchen im Alter von vier bis zwölf Jahren missbraucht wurden. Diese waren wenige Wochen zuvor aus dem Internet heruntergeladen worden. Logan zeigte sich der Presse zufolge extrem kooperativ, was wahrscheinlich auch cleverer war. Schließlich drohten dem rothaarigen Delinquenten im schlimmsten Fall 25 Jahre Haft. Sein Anwalt meinte, dass es eine Erklärung für das Verhalten des Gitarristen gäbe, die in seiner Kindheit läge. Mehr wollte er zu diesem Thema nicht sagen. Logan verzichtete im Prozess auf Einsprüche oder Ähnliches und wurde im Sommer 2022 schließlich zu fünfeinhalb Jahren verknackt, weil er die Filme/Bilder heruntergeladen und in seinem Besitz behalten hatte. Der Presse gegenüber wollte er sich nicht äußern. Da es langhaarige Kinderpornogucker im Knast sehr wahrscheinlich nicht ganz so leicht haben, dürfte ihm die Zeit ziemlich lang vorkommen. Manowar veröffentlichten nur ein kurzes Statement, in dem es hieß, Karl Logan sei nicht länger Mitglied der Band. Ende der Durchsage.

Den vielleicht krassesten Fall von Kindesmissbrauch überhaupt leistete sich Ian Watkins, Sänger und Gründungsmitglied der Lostprophets, einer Alternative-Band aus Wales. Diese konnte in den Jahren von 2000 bis 2012 vor allem in ihrer Heimat diverse Platin- und Goldauszeichnungen einheimsen. Doch dann brach für die unbeteiligten Mitglieder der Gruppe die Hölle herein. Im Sommer 2012 wurde Watkins zum ersten Mal festgenommen, nachdem mehrere Freunde der Polizei gesteckt hatten, dass er regelmäßig Drogen aus Los Angeles ins Vereinte Königreich schmuggeln würde. Außerdem habe er angeblich ein Bild in seinem Besitz, auf dem eine Minderjährige in sexueller Pose dargestellt sei. Watkins bestritt die Vorwürfe und war schnell auf Kaution raus, aber die Gerüchte verdichteten sich. Am 4. November saß er wieder Uniformierten gegenüber und wurde wegen des Besitzes von Drogen und explizitem Material mit Kindern festgenommen. Er bestritt die Vorwürfe erneut, kam wieder gegen Kaution frei und spielte sein letztes Konzert am 17. November in Wales. Am 19. Dezember 2012 klickten die Handschellen erneut, dieses Mal durchsuchte die Polizei das Haus von Watkins ordentlich und entdeckte einen Computer mit verstörendem Material. Neben extremen Tier- und Kinderpornos fanden die Beamten auch Hinweise darauf, dass Watkins Sex mit einem einjährigen Kind haben wollte. Zwei Mütter und Lostprophets-Fans wurden ebenfalls verhaftet, sie hatten dem Sänger ihre Kinder für sexuelle Handlungen überlassen. Auf dem Computer, der mit dem Passwort »I FUK KIDZ« gesichert war, soll ein Schreiben an eine der Frauen gefunden worden sein, in dem Watkins sinngemäß schreibt: »Wenn du mir gehörst, gehört dein Baby auch mir«. Die beiden jungen Frauen wurden zu 14 beziehungsweise 17 Jahren Haft verurteilt. So leicht kam Ian nicht davon, der Richter meinte, er sei ein überzeugter Pädophiler, der so gut wie keine Reue empfinden würde. Das beweisen auch weitere Vorkommnisse. So wurde zum Beispiel ein Telefonat von Watkins aus der Haft mit einem weiblichen Fan öffentlich, in dem er sich über die Anklagepunkte lustig macht. Am Ende bekannte sich Watkins zu einem Versuch der Vergewaltigung eines Kindes, drei sexuellen Übergriffen auf Kinder, sechs Fällen von Besitz, Verbreitung oder Anfertigung von kinderpornografischem Material sowie einem Fall von Besitz extremen tierpornografischen Materials. Die Dunkelziffer, so befürchteten auch die Behörden, dürfte deutlich höher sein. Das Gericht verurteilte ihn zu 29 Jahren Haft, er kann frühestens 2031 einen Antrag auf Bewährung stellen. Nach seiner Entlassung wird er weitere sechs Jahre unter Beobachtung gestellt. Einer der Ermittler nannte ihn den »potenziell gefährlichsten Sexualstraftäter«, den er je gesehen habe. Da sich Watkins längere Zeit in den USA und Deutschland aufgehalten hatte, gründete die Waliser Polizei eine Sonderkommission, um zu ermitteln, ob es weitere nachweisbare Fälle von Missbrauch gäbe. Die Ergebnisse der Untersuchungen wurden nicht veröffentlicht. Dafür aber ein Bericht der unabhängigen Independent Police Complaints Commission (IPCC), die die Arbeit der Polizei in diesem Fall untersuchte. Dabei kam heraus, dass es bereits seit 2008 immer wieder Nachrichten und Hinweise aus Ians Umfeld gab, die sowohl auf Drogenschmuggel als auch auf sexuellen Missbrauch hinwiesen. Die IPCC bekam heraus, dass sich einzelne Beamte gegen die Untersuchung der Vorwürfe wehrten, weil sie meinten, Watkins sei zu berühmt und solche Untersuchungen würden zu viel Staub aufwirbeln. Der Bericht empfahl, namentlich drei Beamte mit Disziplinarstrafen zu belegen, was die zuständige Abteilung der Polizei akzeptierte und die Vorfälle bedauerte. Der Widerling konnte also jahrelang Kinder missbrauchen, weil er berühmt war. Es gibt wenige Begründungen für Untätigkeit, die so ungeheuer dämlich sind.

Und Watkins? Der machte genau da weiter, wo er vor seiner Inhaftierung aufgehört hatte. 2014 ließ er sich von Wakefield (der walisische Knast für Hochrisikotäter, auch »Monster Mansion« genannt) in das Gefängnis Long Lartin verlegen, um näher bei seiner kranken Mutter zu sein. 2017 versuchte er einen weiblichen Fan, eine junge Mutter, mit Briefen zu manipulieren, was ihn wieder nach Wakefield brachte. 2018 wurde er mit einem Handy erwischt, über das er nachweislich Kontakt mit einer seiner vielen Ex-Freundinnen hatte. Nach eigenen Angaben bekommt er auch heute noch sehr viel Fanpost, hauptsächlich von Frauen. Das Gerät hatte er von einem Gangmitglied aus Liverpool für 1.000 Pfund erhalten, mit dem Versprechen, wenn das Ding bei ihm gefunden würde, würde er 5.000 Pfund zahlen. Watkins selbst behauptete, er hätte das Handy nur für zwei andere Mithäftlinge aufbewahrt, deren Namen er aber nicht nennen dürfe, weil sie ihn sonst töten würden. Der Richter glaubte ihm kein Wort und verlängerte die Haftstrafe um 13 Monate. 2023 war es dann fast so weit, der Kinderschänder wurde von zwei Mithäftlingen gefangen genommen und erlitt erhebliche Stichwunden. Sie hatten ihn mit einer angespitzten Klobürste verletzt. Allerdings nicht aufgrund seiner Taten, sondern weil er bei ihnen 900 Pfund Schulden für Drogenlieferungen hatte. Nach sechs Stunden befreiten Beamte den Sänger, dessen Familie erledigte das mit den Rückständen bei den Dealern. Gerüchten zufolge soll Watkins immer noch ein ansehnliches Vermögen besitzen, mit dem er sich im Knast nicht nur Drogen, sondern auch Freunde und Beschützer kauft. Verdammt schade, dass der Griff der Klobürste nicht noch ein bisschen spitzer war.

Dass der Vorwurf von Kinderpornografie auch skurrile Züge annehmen kann, beweist ein Fall aus den USA. Denn da verklagte ein gewisser Spencer Elden den noch lebenden Rest von Nirvana im Jahr 2021 wegen Kinderpornografie.

Elden ist das nackige Baby, das auf dem Cover des extrem erfolgreichen Albums »Nevermind« zu sehen ist, das 1991 erschien. Die Klage wurde abgewiesen, was das frühere Nacktmodell aber nicht davon abhalten konnte, gleich eine weitere Klage hinterherzuschießen. Dieses Mal führte er an, die Band habe mit seinem »lüsternen« Bild nicht nur das Album, sondern ihre Musik und die Combo als solche bekannt gemacht, womit sie zig Millionen Dollar verdient hätten. Die Richter wiesen auch diese Klage ab, mit dem Hinweis, dass Spencer Elden jahrelang eigens signierte Alben von »Nevermind« zu saftigen Preisen verkauft hätte. Im Erwachsenenalter stellte er das Motiv sogar nach und machte auch mit der Neuauflage des Covers Geld. So schlimm könne sein plötzlich entdecktes Trauma aufgrund des Nackedei-Bildes also nicht sein. Wahr ist aber wohl auch, dass seine Eltern damals vom Fotografen über den Tisch gezogen wurden. Dieser hatte ihnen versichert, es handele sich um ein Bild, bei dem die Genitalien unkenntlich gemacht würden und ihr Sohn als Engel dargestellt werden soll. Das war es dann ja nicht so ganz. Angeblich hatte der Vater von Elden die Band damals nur nicht verklagt, weil er Angst vor einer Gegenklage und den Reaktionen der Fans hatte. Er wollte seine Familie nicht in Schwierigkeiten bringen. Ebenso wahr scheint zu sein, dass Elden schon sein Leben lang von Pädophilen kontaktiert wird, die das »Nirvana-Baby« näher kennenlernen wollen. Sicher auch alles andere als angenehm. Die Klagerei gegen Nirvana hat er aufgegeben, gemeinsam mit seiner Frau, die in der Filmbranche arbeitet, engagiert er sich gegen den Missbrauch von Kindern in jeglicher Hinsicht. Das ist sicher eine sinnvolle Tätigkeit.

Den Verbrecher im Namen

Waschbärweste auf nackter Brust und Axt in der Hand. Lizzy Borden weiß, wie es geht.

Metal-Bands und Schwerstverbrecher scheinen eine untrennbare Einheit zu bilden. Die Faszination für die dunkle Seite ist allgegenwärtig, und wenn es mal nicht Meister Satan und seine schuppenhäutige Dämonenschar trifft, darf es gerne ein »menschlicher Teufel« sein, der in irgendeiner Weise prominent präsentiert wird. Manche Kapellen benennen sich gar nach einer dieser Gestalten und machen so Werbung für Serienmörder und andere Verbrecher. Was sind das für Bands, und was sind das für Irre? Schauen wir uns fünf von ihnen mal genauer an.

Lizzy Borden

Diese US-Combo erlebte ihren Höhepunkt in den Achtzigerjahren und besteht im Wesentlichen aus dem seltsam frisierten und bisweilen grotesk geschminkten Sänger Gregory Harges als Alleinherrscher. Dazu kamen und kommen im Laufe der Jahrzehnte diverse Mietmusiker von Bands wie Metal Church, Warrior, Vicious Rumors, Prong, Dokken, Ozzy Osbourne, Halford oder Black Label Society. Mit anderen Worten, wer sein Instrument einigermaßen beherrscht und in den USA wohnt, hat gute Chancen, irgendwann mal im Line-up dieser Kapelle zu landen. Harges selbst hat bei Alice Cooper abgekupfert und nennt sich selbst wie seine Band, die wiederum nach einer Mörderin benannt ist. Die gute Lizzy, eigentlich Lizzie Borden, lebte von 1860 bis 1927. Ihre Jugend und frühe Erwachsenenzeit verbrachte sie nach dem Tod der Mutter mit ihrem Vater und ihrer Stiefmutter. Weil Papa Borden zwar viel

Geld besaß, aber ein Geizhals war, lebten sie in einfachen Verhältnissen, was Lizzie nicht schmeckte. Auch verbot der Vater der mittlerweile erwachsenen Tochter jeglichen Umgang außerhalb der Kirche. Im Jahr 1892, die Tochter war mittlerweile 32 Jahre alt, lagen ihre Eltern plötzlich Tod in ihrem Haus. Beide waren mit diversen Axthieben getötet worden. Da zu diesem Zeitpunkt nur Lizzie und eine Haushälterin anwesend waren, fiel der Verdacht schnell auf die Tochter, die ihren Vater hasste und damit, anders als die Angestellte, ein Motiv besaß. Außerdem war sie nahezu Alleinerbin des Familienvermögens. Bei ihren Aussagen verstrickte sich Borden in Widersprüche, machte Angaben, die von der Polizei später widerlegt wurden (so wollte sie während des Mordes an ihrem Vater in der Scheune gewesen sein, was nachweislich nicht der Fall war). Die Tatwaffe wurde im Haus gefunden, zudem hatten Zeugen beobachtet, wie Borden ein fleckiges Kleid im Garten verbrannte. Also ein ziemlich klarer Fall. Oder auch nicht, das Gericht sprach sie frei, die Dame kassierte das Erbe und lebte fortan das Leben, das sie sich immer erträumt hatte. Allerdings war der Fall weltweit durch die Schlagzeilen gegangen, Borden also eine bekannte Persönlichkeit. Auch ein Umzug in eine andere Stadt bewahrte sie nicht davor, bis zu ihrem Lebensende von allen anderen gemieden zu werden. Sie starb einsam, aber nicht vergessen. Ihr Name ist heute noch populär, immer wieder gibt es neue Filme, Dokumentationen oder sonstige künstlerische Bearbeitungen des Falls. Im Heavy Metal reihen sich Flotsam and Jetsam in die Verwertungskette ein, auf ihrem

Debüt »Doomsday for the Deveiver« (1986) findet sich der heute noch live gespielte Semi-Hit »She Took an Axe«.

The Black Daliah Murder

Ja, ist ja gut. Dieser Name bezeichnet eigentlich das Verbrechen an sich. Denken Sie sich einfach ein »er« dazu. Können wir dann starten? Danke! Das Leben der Elizabeth Short (1924–1947) war nüchtern betrachtet ein ziemlich harter Trip. Ihre eigentlich recht wohlhabende Familie verlor in der Weltwirtschaftskrise alles, der Vater (ein ehemaliger Minigolfanlagen-Mogul, geiler Job) verließ die Familie, sie wuchs unter erschwerten Bedingungen auf. Schule war nicht so ihr Ding, dafür sah sie recht apart aus und konnte als Jugendliche einige Modelaufträge an Land ziehen. Das reichte aber nicht zum Überleben, immer wieder musste sie Jobs als Platzanweiserin in einem Kino, Kellnerin oder Sekretärin übernehmen, mehrere Male zog sie zurück zur Mutter (später auch zum Vater) und unternahm bald darauf einen neuen Anlauf, in Los Angeles als Schauspielerin oder Model entdeckt zu werden. Dabei geriet sie fast zwangsläufig in zwielichtige Gegenden und an zwielichtige Typen, 1943 wurde sie wegen Alkoholkonsums als Minderjährige von der Polizei aufgegriffen. Sie hatte mehrere Beziehungen und Affären, unter anderem mit einem gewissen Joseph Fickling, mit dem sie gleich zweimal zusammen war. Er trennte sich schließlich endgültig, weil sie angeblich nicht treu sein konnte. Auch ein Soldat namens Matthew Gordon war unter ihren Liebhabern. Als der bei einem Flugzeugabsturz in Indien starb, erbat sie Geld von dessen Familie und behauptete, sie und Gordon hätten heiraten wollen und sie bereits ein Kind von ihm bekommen, das bei der Geburt gestorben war. Beides höchstwahrscheinlich eine Lüge. Short machte wie erwähnt optisch einiges her, den Spitznamen »Black Dahlia« (schwarze Dahlie) bekam sie wegen ihrer schwarzen Haare und zumeist dunklen Kleidung. Halbwahrheiten und nie zu klärende Geschichten begleiteten Elizabeth bis zum Januar 1947. Die Nacht hatte sie mit einer Zufallsbekanntschaft namens Robert Manley in einem Hotel verbracht, allerdings war es nicht zum Austausch von Zärtlichkeiten gekommen, da ihr der Mann irgendwie unheimlich war. Trotzdem ließ sie sich von ihm zum Busbahnhof von Los Angeles bringen, gab einen Koffer an die Adresse ihrer Schwester auf, die in der Nähe von LA wohnte, und ließ sich von ihrer Bekanntschaft ins Biltmore Hotel bringen, wo sie sich mit ihr treffen wollte. Manley erzählte sie, dass sie einige Zeit bei ihrer Schwester wohnen dürfe. Später stellte sich heraus, dass die von gar nichts wusste, auch nichts von einem Treffen im Biltmore, schon damals eine absolute Luxusadresse und Ort der frühen Oscarverleihungen bis 1942. Manley und Short warteten stundenlang in der Lobby, als Short schließlich am frühen Abend verschwand. Einige Zeugen wollen sie später noch in einer Cocktailbar gesehen haben, danach verliert sich ihre Spur. Ihre Leiche wurde am Morgen des 15. Januars 1947 auf einem unbebauten Grundstück nahe der Norton Street in Los Angeles gefunden, nackt und übel verstümmelt. Der Torso war auf Höhe der Hüfte vollständig in zwei Teile durchtrennt, ihr Gesicht war vom Mundwinkel bis zu den Ohren zu beiden Seiten aufgeschlitzt (ein sogenannter Chelsea Grin, nach dem sich eine US-Deathcore-Band benannt hat), diverse Organe fehlten, der Schädel war eingeschlagen, der komplette Körper war mit Benzin gesäubert worden. Die Polizei konnte nur feststellen, dass sie nicht an dieser Stelle umgebracht worden war, da es keinerlei Blutspuren gab. Rund zehn Tage später tauchte ein Päckchen mit den Habseligkeiten von Short auf, obwohl es ebenfalls mit Benzin gesäubert worden war, konnten die Ermittler Teile von Fingerabdrücken sichern. Diese wurden auf dem Postweg zum FBI geschickt, unterwegs erlitten die Beweismittel Beschädigungen und waren damit unbrauchbar. Auch Teile ihrer Kleidung konnten in der Nähe des Fundortes sichergestellt werden, allerdings ebenfalls sorgsam gereinigt und ohne Spuren. Zwei Monate später wurden an einem Strand in Venice in der Nähe von LA die Klamotten eines unbekannten Mannes entdeckt, in denen sich ein Brief befand. Er gestand den Mord an der »Black Daliah« und gab an, nicht fähig zu sein, sich selbst zu stellen. Deshalb wähle er den Selbstmord. Es konnte nie geklärt werden, wem die Sachen gehören. Neben dieser Spur, möglicherweise eine falsche Fährte, gab es mehrere Verdächtige, darunter diverse Liebschaften von Short und der Theater- und Bar-Besitzer Mark Hansen, der Elizabeth in den Wochen vor ihrem Tod angebaggert haben soll. Rund 750 Polizisten und Ermittler arbeiteten an dem Fall, der Schuldige konnte nie überführt werden. Der Mord gehört zu den bekanntesten Cold Cases der Welt und ist damit natürlich ein gefundenes Fressen für junge Death-Metalheads, die einen

Bandnamen suchen. Am Ende war es eine Truppe aus Detroit, die sich den etwas sperrigen Titel unter den Nagel riss und seit 2003 ziemlich erfolgreich durch die Nachbarschaft lärmt. Ihr 2020 erschienenes Album »Verminous« (»Verlaust«) erreichte immerhin Platz sieben der deutschen Charts. Wer Short (und möglicherweise noch eine ganze Reihe anderer Frauen, die im gleichen Zeitraum in Los Angeles tot aufgefunden wurden) denn nun auf dem Gewissen hat, konnten sie bisher aber leider auch noch nicht klären. Rudi Cerne, übernehmen Sie!

The Dillinger Escape Plan

Auch dieser Bandname besteht aus vier Worten, auch dieser Fall liegt schon einige Jahrzehnte zurück. Allerdings existiert die Band seit 2017 nicht mehr, ihr Mathcore war selbst den Mitgliedern irgendwann zu anstrengend. Das Feuilleton feierte die Combo aus New Jersey als eine der wichtigsten Bands der neueren Popgeschichte, zitierte Freud und andere schlaue Menschen, um dem Gemisch aus Grindcore, Jazz und Radau eine kulturhistorische Note zu verleihen. Bitte sehr, jeder nach seinem Geschmack. Der Bandname leitet sich tatsächlich von John Dillinger (1903–1934) ab, dem legendären Bankräuber, der von den USA als erster Mensch zum »Staatsfeind Nummer eins« geadelt wurde. Denn Dillinger raubte nicht nur hier und da mal ein paar Scheinchen, er war ein notorischer Verbrecher, überfiel mit seiner Bande immer wieder Kreditinstitute und Polizeistationen (um Waffen zu beschaffen), wobei es auch regelmäßig Tote gab. Schon als junger Mann bekam er Ärger mit der Justiz, weil er 41 lebende Hühner gestohlen haben soll. Ganz schön anstrengend, kann ich mir vorstellen, die flatternden und hysterisch gackernden Viecher einzusacken. Er saß auch mehrere Male im Gefängnis, konnte aber immer wieder fliehen. Der spektakulärste Ausbruch, auf den sich wohl auch der Bandname bezieht, fand am 12. Oktober 1933 statt, als Teile seiner Gang das Gefängnis überfielen, einen Wärter töteten und Dillinger in die Freiheit geleiteten. Davon sollte er allerdings nicht mehr viel haben, im Juli 1934 wurde er vor einem Kino in Chicago erschossen. Er hatte gemeinsam mit der befreundeten Polly Hamilton und deren Mitbewohnerin Anna Sage (eine rumänische Bordellinhaberin) den Film »Manhattan Melodrama« gesehen. Sage hatte ihn tags zuvor gegen rund 200.000 Dollar und eine Einbürgerungserlaubnis an den Vorläufer des FBI verraten. Damit die Polizei Dillinger im Gewühl der Kinogänger schneller identifizieren konnte, trug Sage am Abend ein rot-oranges Kleid, das ihr den Spitznamen »Lady in Red« einbrachte. Chris de Burgh ersparen wir uns an dieser Stelle. Am Ende war Dillinger tot und die Verräterin bekam nur die Häfte der vereinbarten Summe ausbezahlt. Zudem wurde sie drei Jahre nach dem Vorfall entgegen der Abmachung nach Rumänien abgeschoben. Dort geriet sie an einen an Wettsucht leidenden Mann, der ihr Vermögen auf Rennbahnen verspielte. Sie starb im Alter von 58 Jahren in verarmten Verhältnissen.

Bathory

An dieser Stelle wird es schwer legendär, denn die Band Bathory gehört zu den spannendsten Vertretern ihrer Zunft. Nicht nur aufgrund des frühen Todes von Bandkopf Thomas Börje »Quorthon« Forsberg (2004 im Alter von 38 Jahren) umgibt die Band ein mysteriöser Nebel. Sie erfanden gleich mehrere Metal-Genres (Black Metal, Viking oder Pagan Metal), veröffentlichen neben Göttergaben auch richtige Grütze und waren zeitlebens nie wirklich einzuordnen. Schlagzeuger Jonas Åkerlund ist mittlerweile ein erfolgreicher Regisseur, dreht Filme (»Lords of Chaos«), Dokumentationen und Videoclips von und mit Metallica, Ozzy Osbourne, U2 oder Madonna. Er lässt immer mal ein paar »Geheimnisse« aus dem früheren Umfeld von Bathory fallen, so richtig ausführlich wird er dabei aber nicht. Muss vielleicht auch nicht sein, so behalten die Schweden ihre Aura. Benannt hat sich die Gruppe nach einer der bekanntesten Serienmörderinnen aller Zeiten, der nicht minder geheimnisumwitterten ungarischen Gräfin Elizabeth Báthory (1560–1614). Sie ist Gegenstand unzähliger Legenden und Märchen, sie soll reihenweise junge Frauen (manchmal auch Jungfrauen) gefoltert und umgebracht haben, um in deren Blut zu baden und/oder selbiges zu trinken. Das sollte sie jung oder sogar unsterblich machen. Der Fall konnte nie abschließend geklärt werden, erschwerend kam hinzu, dass über die Jahrhunderte die Geschichte durch grausame Details von fraglichem Wahrheitsgehalt immer weiter ausgeschmückt wurde. Korrekt ist, dass die Gräfin dank der Erbschaften ihres Mannes und ihres Bruders sehr vermögend war und diverse Burgen, Ländereien und ganze Städte von Rumänien bis Österreich besaß. Es scheint auch wahrscheinlich, dass Báthory nicht sonderlich freundlich mit ihren Hausangestellten umgesprungen ist. Sie wurden für kleinste Vergehen körperlich bestraft. Diese Vorgehensweise war damals durchaus üblich, ob die spätere Blutgräfin wirklich schlimmer war als andere, ist schwer zu belegen. Wesentlich interessanter dürfte der Streit mit den mächtigen Habsburgern sein, den ihre Familie seit einiger Zeit ausfocht. Die Habsburger schuldeten ihr Geld, es ging um Religion (Elizabeth war bei ihrer Heirat zum Luthertum konvertiert) und vor allem Macht. Ihr Gegner war Graf Georg Thurzó von Bethlenfalva, der im Dezember 1610 ihren Hauptsitz, das Schloss von Čachtice, eroberte. Später gab er an, schon beim Betreten des Gebäudes über Leichen gestolpert zu sein, was nach einer faustdicken Lüge klingt. Die Gräfin wurde festgenommen, es gab zwei Prozesse, allerdings ohne die Beteiligung der vermeintlichen Täterin. Stattdessen wurden nur Zeugen zugelassen, unter anderem die Bediensteten von Báthory, die vor dem Prozess gefoltert wurden und dann aussagten, was die Ankläger hören wollten. Es gab aber auch adelige Nachbarn ihrer Stadtwohnung in Wien, die selbstverständlich nicht gefoltert wurden und aussagten, jede Nacht Gewimmer und Schreie von nebenan gehört zu haben. Heute geht man davon aus, dass Elizabeth Báthory nicht unbedingt eine Kandidatin für den Friedensnobelpreis war und besonders im Umgang mit »niederem Personal« eine sadistische Ader besaß, die meisten Gruselgeschichten aber frei erfunden sind. Trotzdem alles andere als sympathisch, die Dame. Der Band hat der schlechte Ruf der Adeligen allerdings nicht geschadet.

Night Stalker

Unter diesem Begriff findet sich wieder mal eine ganze Rotte von Bands (in einem Wort oder getrennt geschrieben). Die bekannteste dürfte die griechische Truppe sein, die 1989 als Thrash-Kapelle anfing, aber schon seit einer ganzen Weile durch Rauchschwaden umwaberte Stoner-Rock-Gefilde watet. Wer sich das Cover der letzten Veröffentlichung »Great Hallucinations« (2019) anschauen kann, ohne hektisches Flimmern auf der Linse zu bekommen, muss schon einige Trips hinter sich haben. Trotzdem haben Stoner-Bands ja irgendwie immer etwas Entspanntes an sich, was bei diesem Namen doch verwundert. Denn der »Night Stalker« alias Richard Ramírez (1960–2013) war das Gegenteil von entspannt, vielmehr einer der gefährlichsten und durchgeknalltesten Verbrecher, die je auf diesem Planeten herumgelaufen sind. Sein Einstieg ins Leben war alles andere als einfach, er erlitt schon in der Kindheit zwei schwere Kopfverletzungen, einige seiner Geschwister und sein Vater waren (vorsichtig ausgedrückt) verhaltensauffällig, seine Mutter streng religiös. Erfahrene True-Cime-Freunde wissen: Das ist keine gute Mischung. Richard selbst wurde in jungen Jahren von mehreren Personen innerhalb und außerhalb der eigenen Familie vergewaltigt, außerdem zeigte ihm ein Cousin (der später seine Frau vor den Augen von Ramírez umbrachte und in eine psychiatrische Klinik verfrachtet wurde), wie er im Vietnamkrieg Frauen vergewaltigt und verstümmelt hatte. Mit diesem Handwerkszeug ausgestattet, startete Richard als Teenager eine kriminelle Karriere, die selbst für einen Serienmörder beeindruckend brutal ist. Drogen, Autodiebstahl und Einbrüche, der Einstieg fiel dem gebürtigen Texaner nach seinem Umzug nach Los Angeles nicht schwer. Dass er bei einer dieser Taten gefasst und seine Fingerabdrücke genommen wurden, sollte ihm allerdings zum Verhängnis werden. Im April 1984 begann seine Mordserie nachweislich, als er ein neunjähriges Mädchen umbrachte. Im Anschluss zog er wie ein Raubtier durch das nächtliche Los Angeles und folgte scheinbar keinem Muster. Er brachte Kinder und Senioren um, Männer wie Frauen. Mal schnitt er seinen Opfern die Kehle durch, mal erdrosselte oder erschoss er sie. Manche Leichen waren verstümmelt oder wiesen Spuren von sexuellem Missbrauch auf, andere nicht. Meist überfiel er seine Opfer in deren Wohnungen, er mordete aber auch auf offener Straße. Bisweilen gab er wochenlang Ruhe, dann folgten zwei Angriffe in einer Nacht. Es dauerte eine Weile, bis die Polizei endlich ein Muster erkannte, bis dahin hatte der »Night Stalker« bereits mindestens 13 Morde begangen. Dazu kamen mehrere Mordversuche und andere Delikte. Bei einem Überfall auf ein junges Pärchen schoss er dem Mann in den Kopf und vergewaltigte dessen Freundin. Beide überlebten und konnten ihren Peiniger beschreiben. Er wurde identifiziert, sein Bild flimmerte in ganz Kalifornien über die Bildschirme und zierte die Zeitungen. Am 31. August 1985 überraschte eine Gruppe Latinos Ramírez in Los Angeles, als der ein Auto stehlen wollte, und erkannte ihn. Nur das Eintreffen der Polizei verhinderte, dass er gelyncht wurde. Seine Verurteilung zum Tode wurde nie vollstreckt, er starb im Gefängnis mit 53 an Leberversagen.

Strafakte 7

Politische Irrwege

Jeff Hanneman hatte zu Lebzeiten so seine Probleme mit der Einordnung geschichtlicher Ereignisse.

Hamburgs größter Menthol-Schornstein, Helmut Schmidt, sagte einmal: »Die Dummheit von Regierungen sollte niemals unterschätzt werden.« Fraglos weise Worte, dem man noch ein »die von gewissen Musikern auch nicht« hinterherwerfen möchte. Nun kommen Politiker und Musiker aus grundverschiedenen Ecken. Die einen sind Entertainer für die Massen, die anderen spielen Instrumente. Aber Politiker haben tatsächlich einen gewissen Gestaltungsraum und können mit ihrem Handeln das Leben vieler Menschen beeinflussen. Das können Mucker in der Regel nicht, und zwar aus gutem Grund. Das Durchlesen der meisten Interviews, in denen eine Band zu ihrem neuen Album befragt wird, sollte Beweis genug sein. Künstler, bleib bei deinen Noten!

Leider halten sich längst nicht alle daran, in ihrem überbordenden Sendungsbewusstsein sind sie der Meinung, sich auch zu (meist) tagesaktuellen Geschehnissen äußern zu müssen. Lässt der Interviewer seinen Gegenüber einfach einen Satz abseiern und leitet dann zum nächsten Thema über, geht es manchmal noch gut. Aber wehe, der Pressefritze fragt nach oder verwickelt den Musiker in eine Diskussion. Da kommen Ansichten ans Tageslicht, für die sich in diesem Land der Verfassungsschutz interessieren könnte.

Natürlich gibt es große Unterschiede und diverse Faktoren, die hier eine Rolle spielen. Welche Art von Bildung hat der Musiker genossen, aus welchem Land stammt er, wie alt ist er? Fühlt er sich in der Interview-Situation wohl oder möchte er sein Gegenüber provozieren? Hat er zum Frühstück ein Bananenmüsli geknabbert oder auf irgendeiner Raststättentoilette ein Blech geraucht? Und trotzdem darf man von erwachsenen Menschen eigentlich erwarten, dass sie sich vor einem Mikrofon ansatzweise vernünftig verhalten, selbst wenn sie sich für die größten Rockstars unter dieser Sonne halten. Oder doch nicht? Denn warum sollte man Rockstar werden, wenn man sich nicht alles herausnehmen darf? Und sei es der größte politische Unsinn, der einem gerade so einfällt.

Tom Araya von Slayer ist eher Familienmensch, schreit als gläubiger Katholik Songs wie »The Antichrist« ins Mikro und steht einer Band vor, die sich den politischen Fehltritt zum zweiten Vornamen genommen hat. Und da gehört Arayas persönlicher Fauxpas, als er in einem Interview sagte, dass die Straßen Chiles unter der Diktatur von Augusto Pinochet (1973–1990) sicherer waren als in demokratischen Zeiten, noch nicht mal zu den Höhepunkten. Abgesehen davon, dass Araya das höchstens aus zweiter Hand wissen kann, schließlich flüchtete seine Familie in die USA, bevor er überhaupt schulpflichtig war, ist diese Aussage natürlich zynisch bis zum Anschlag. Pinochet ließ Tausende Menschen hinrichten und noch viel mehr Menschen foltern. Bis heute sind unzählige Chilenen verschwunden, vom Regime bei Nacht und Nebel abgeholt und nie wieder aufgetaucht. Bei so einem Regierungsstil mögen die Straßen auf den ersten Blick sicherer wirken. Logisch, ist ja auch niemand mehr da, der Verbrechen begehen könnte. Außer den staatlichen Terroreinheiten, versteht sich. Araya bekam in Deutschland ordentlich Gegenwind, er redete sich halbherzig heraus, irgendwann war das Thema wieder vergessen. Zumal sein Band-Kollege Jeff Hanneman, 2013 seinem großen Durst und einem Spinnenbiss erlegen, wesentlich deutlicher wurde.

Hanneman bezeichnete sich zeitlebens zwar selbst als »kalifornischen Punk«, der keine Ahnung von Politik habe, dafür interessierte sich der blonde Riff-Hexer aber auffallend für Insignien des Zweiten Weltkriegs. In den USA gar nicht so ungewöhnlich, hier kurvten vor Jahrzehnten Motorradgangs mit Hakenkreuzfahnen durch die Gegend. Nicht weil sie den Führer auf dem Soziussitzes eines Mopeds aus der Hölle zurückholen wollten, sondern um zu provozieren. Hanneman, der Name legt es nahe, besaß deutsche Vorfahren, sein deutschstämmiger Vater kämpfte im Zweiten Weltkrieg auf der Seite der Alliierten und sammelte Orden von toten Soldaten des Gegners ein, die er seinem Filius später überreichte, um sein Geschichtsinteresse zu wecken. Das funktionierte in Bezug auf Nazi-Deutschland ganz hervorragend, bald schmückte der blonde Hüne seine Gitarre nicht nur mit irgendwelchen Gruselfiguren, Schriftzügen der Marke »Fuck«, »Killer« oder »Hate« oder dem Logo der Punkband Dead Kennedys, sondern auch mit Sigrunen als Inlays zwischen den Bünden (einzeln und doppelt) und dem SS-Totenkopf, was in Deutschland den Straftatbestand des Verwendens von Kennzeichen verfassungswidriger Organisationen erfüllt. Seine erste Gitarre beklebte Jeff um 1985 herum, die BC Rich wurde optisch zum Vorbild vieler seiner späteren Instrumente. Hier

grüßten zum Beispiel noch Bilder und Schriftzüge von John-
ny Rotten, D.R.I., Wasted Youth, St. Pauli Grill und Wodka
Smirnoff vom Instrument, wenige Monate später tauchte dann
die »deutsche« Gitarre auf. Wieder eine B.C. Rich, dieses
Mal allerdings mit Schriftzügen wie »Reinhard Heydrich«
(»Henker von Prag« und einer der übelsten Nazi-Verbrecher
überhaupt), »Deutschland« oder »Prinz Eugen« (Schwerer
Kreuzer des Deutschen Reichs, der als einziger seiner Klasse im
Zweiten Weltkrieg nicht untergegangen ist). Dazu kommen
diverse Abzeichen von SS-Divisionen wie »Das Reich«, »To-
tenkopf« oder »Wiking«. In Deutschland hätte die Staatsanwaltschaft Untersuchungen eingeleitet, wenn es bei Auftritten
in unseren Breiten denn jemand zur Anzeige gebracht hätte.
Das passierte nicht, also ging Hannemann straffrei aus.

Er selbst erklärte in einem seiner letzten Interviews vor seinem Tod zum wiederholten Male, dass er kein Anhänger des
Dritten Reiches oder ein Antisemit sei. Ihn fasziniere einfach
das pure Böse, wie in dem von ihm komponierten Song »Angel
of Death« (1986), der sich mit den Verbrechen des KZ-Arztes
Joseph Mengele beschäftigt. Im Songtext ist keine eindeutige Po-
sitionierung des Autors zu erkennen, es ist eher ein Tatsachenbe-
richt, was es in Auschwitz für Methoden gab, Menschen zu foltern und zu töten. Das Dritte Reich war auch in anderen Texten
von Hanneman ein Thema. Zum Beispiel in »SS-3« von 1994,
wo es um den Tod von Reinhard Heydrich geht (»SS-3« war
das Kennzeichen seines Autos, in dem ein Attentat auf ihn verübt
wurde), allerdings gab es darum keinen großen Aufschrei mehr.

Dass nicht nur Hanneman, sondern die ganze Band kein Problem mit dem provokativen Spielchen in Richtung Deutsches Reich hatten, beweisen unter anderem der verfremdete Reichsadler auf dem Cover von »Seasons in the Abyss« (1990), unzählige T-Shirt-Designs und nicht zuletzt die Namensgebung des eigenen Fanclubs (»Sla(y)tanic Wehrmacht«). Negativer Höhepunkt war ihr Video »Live Intrusion« aus dem Jahr 1995, auf dem sie Bilder aus dem KZ Dachau mit dem Lied »Always Look on the Bright Side of Life« von Monty Phython unterlegten. Von Fragen des Geschmacks mal ganz abgesehen, inspirierten Slayer mit ihrem Nazi-Fimmel viele Nachwuchsbands. Sie selbst mussten wegen dieser Vorliebe aber nie vor Gericht erscheinen. 2009 wäre es fast so weit gewesen, die beiden baden-württembergischen Landtagsabgeordneten und Juristen Thomas Oelmayer und Uli Sckerl (beide Bündnis 90/ Die Grünen) hatten offenbar ein bisschen Zeit und stellten eine Anfrage, ob die Sigrune (zumindest gibt es eine gewisse Ähnlichkeit) im Schriftzug der Band als verfassungswidrig einzuschätzen sei. Dies wurde verneint, da es sich bei Slayer nicht um eine verfassungsfeindliche Organisation handeln würde. Obwohl sich Araya und Co. ziemlich angestrengt haben; das wäre dann vielleicht doch ein bisschen viel der Ehre gewesen. Auf dem Album »Christ Illusion« (2006) gibt es gleich vier Songs, in denen sich die Kalifornier mit gewalttätigen Islamisten auseinandersetzen, der verkrüppelte Jesus auf dem Cover erhitzte die Gemüter der Moslems und Christen in Indien, so dass die Plattenfirma das Album dort vom Markt nehmen musste. Die Rücksichtnahme auf Gefühle anderer gehörte nicht unbedingt zu den Stärken Slayers.

David Vincent, ehemals Sänger bei Morbid Angel, kommt aus der gleichen Generation wie Slayer und fiel vor allem in den Neunzigerjahren durch seltsame Interview-Aussagen auf. Auch soll er Kontakte zu Rechtsaußen-Politikern in den USA gepflegt haben, was aber alles im Nebulösen blieb. Bekannt wurde hingegen, dass er Lemmy von Motörhead, der bekanntermaßen auch ein sehr geschichtsinteressierter Zeitgenosse war, auf einer gemeinsamen Tour nationalsozialistisches Propagandamaterial unter die Nase gehalten und ihn damit mächtig erzürnt haben soll. Später vertrugen sich die beiden Frontmänner wieder, und Vincent übernahm mit Billigung von Lemmy sogar dessen Platz in der Rockabilly-Supergroup Headcat 13. Es war also wohl nur eine Phase, Hase, in die auch das Morbid-Angel-Album »Domination« fällt. Auf dem 1995 erschienenen Werk findet sich der Klassiker »Where the Slime Live«. Auch hier wurde Vincent unterstellt, rechtsnationales Gedankengut zu transportieren. Wer sich den Text heute durchliest, kann ihn aber auch problemlos auf korrupte Politiker, heuchlerische Gottesmänner etc. pp. beziehen. Probleme mit dem Gesetz bekam der Sänger deswegen jedenfalls nie.

Das sieht bei einer der größten Rockbands schon ganz anders aus. Kiss sind im Vergleich zu manch anderen Bands in der heutigen Szene zwar musikalisch eher Kätzchen als Tiger. Aber sie hatten einen ganz perfiden Plan, wenn man auf vermeintliche Qualitätspublikationen wie den »Spiegel« oder die »Neue Züricher Zeitung« hörte. Denn kaum hatten sich die vier maskierten Männer auch in Europa einen Namen gemacht (was spätestens ab dem 1976 veröffentlichten Studioalbum »Destroyer« der Fall war), fiel die inländische Presse über die Gruppe her. Die sah in den vier Mannen »Brutalorocker« und »SS-Schergen des Rock'n'Roll«, die arme, bundesdeutsche Teenager im »Blitzkrieg« überrennen. Heiliger Henri Nannen, allein für diese Formulierungen hätte es Knast geben müssen. Stattdessen fügte sich das Management der Band. Der Grund des Aufruhrs? Die letzten beiden Buchstaben im Bandlogo sollten an Sigrunen erinnern. Anders als Slayer, und das gilt als einigermaßen gesichert, legten es Simmons, Stanley und Co. allerdings nicht auf Provokation an. Für sie waren die beiden Buchstaben nichts als Blitze. Und während das Zeichen der Schutzstaffel aus zwei gleichschenkligen Sigrunen bestand, verläuft der mittlere Strich im Kiss-Logo waagerecht. Verwechslungsgefahr möglich, aber nicht zwingend, wie das Landgericht Berlin erst 2016 wieder feststellte.

Außerdem fehlt der Kontext, schließlich sind die beiden Kiss-Chefs Paul Stanley und Gene Simmons (alias Stanley Bert Eisen und Chaim Witz) jüdische Mitbürger, Simmons wurde sogar in Israel geboren, während ein großer Teil seiner Familie während des Holocaust umkam. Diese zudem geschminkten und wie Drag-Queens umher stolzierenden Musiker auch nur in die Nähe von Nazis zu rücken, ist schon ziemlich dreist. Einige Staatsanwaltschaften weigerten sich aus diesem Grund auch 1980 schon, derartige Anzeigen überhaupt zu bearbeiten.

Andere wie die in Bremen verfügten, dass Kiss-Alben mit dem Schriftzug aus deutschen Plattenläden (die jüngeren Leser/innen googeln bitte das Wort Plattenladen) zu verschwinden haben. Das deutsche Label der Band lenkte im August 1980 ein und stellte ein alternatives Logo vor, in dem die beiden Buchstaben »S« wie umgedrehte Zweien aussehen und das bis heute Verwendung findet. Die Angst vor der Verwirrung der deutschen Jugend ging so weit, dass Live-Videos, die nicht in Deutschland aufgenommen wurden und in denen logischerweise der Original-Schriftzug (auf den Bass-Drums, als Backdrops, Flaggen usw.) zu sehen waren, für den hiesigen Markt mit einem schwarzen Pornobalken verdeckt wurden. War das Element mit dem Doppel-S beweglich, zitterte der Balken hinterher. Köstliche Szenen. Bei anderen Veröffentlichungen etwa zur gleichen Zeit interessierte das Doppel-S dann plötzlich wieder niemanden. So ganz war sich die Justiz da also auch nicht einig.

Der erwartbare Effekt solcher Aktionen: Fans und besonders Mitglieder des legendären Fanclubs »Kiss Army« aus Deutschland taten in den achtziger Jahren alles dafür, um an LPs, CDs, Videos, Shirts etc. mit dem originalen Logo zu kommen. Was vorher niemanden interessiert hätte, wurde so zu einem echten Marketing-Gag. Im Laufe der Jahrzehnte wurden Träger solcher Shirts auch immer mal wieder von aufmerksamen Mitbürgern angezeigt. Zu einer Anklage kam es nach Wissen des Autors, selbst im Besitz eines solchen Shirts aus dem Jahr 1996, allerdings nie. Kiss sahen sich bis zu ihrer (vorläufigen?) Auflösung immer als unpolitische Entertainer, einzig Simmons äußert sich immer mal wieder zu Donald Trump, den er persönlich kennt. Und zwar alles andere als positiv. Doch das ist ja nicht verboten.

Auch der über zwei Meter große und 2010 im Alter von 48 Jahren verstorbene Peter Steele (bürgerlich: Peter Thomas Ratajczyk) beherrschte das Spiel mit dem Feuer, ohne deshalb jemals vor Gericht gestanden zu haben. Wobei in Deutschland wohl einmal mehr nicht viel gefehlt hat. Schon mit seiner im Untergrund erfolgreichen Band Carnivore sorgte der Hüne mit polnischen Vorfahren durch seine Texte für Ärger, Songtitel wie »World Wars III & IV«, »Male Supremacy« oder »Jesus Hitler« ließen linke Gruppen auf die Barrikaden gehen, zumal sie in Fantasieuniformen auftraten und gerne mal rohes Fleisch ins Publikum warfen. Nach dem Ende von Carnivore gründete Steele ohne größere Verzögerung Type O Negative, die anfangs stark von seiner alten Band beeinflusst waren. Und weil provozieren so viel Spaß macht, zog er diese Masche auch mit seiner neuen Band durch. Die ersten beiden Cover? Eine Nahaufnahme eines Geschlechtsaktes und ein schwarz-weißes Foto von Steeles gespreiztem Hinterteil. In dem Song »Unsuccessfully Coping with the Natural Beauty of Infidelity« beschimpfte der Sänger seine Ex-Freundin aufs Übelste. Hintergrund der Geschichte: Nach zehnjähriger Beziehung fand Steele heraus, dass seine Herzensdame einen Freund hatte. Was er hier noch lyrisch verarbeitete, wurde 2005 bitterer Ernst, als er einen anderen Nebenbuhler krankenhausreif schlug und dafür ein paar Monate gesiebte Luft atmete. Diese Erfahrung hinterließ nachhaltigen Eindruck, in einem seiner letzten Interviews sagte er, er wolle nie wieder aufs Klo gehen, während ihm Zellengenossen dabei zusehen.

In »Der Untermensch« wünschte er ausländischen Drogendealern, sie mögen dahin gehen, wo sie hergekommen sind. Live-Konzerte in Europa wurden immer wieder kurzfristig abgesagt, weil es Bomben- und Morddrohungen gegen die Band gab, Steele erklärte, der Keyboarder in seiner Band sei Jude und folglich könne man gar nicht mit Nazis sympathisieren. Nicht er, die Gegenseite würde sich faschistisch verhalten. Im Booklet von »Origin of the Feces« (1992) bedankte sich die komplette Band bei den »Radikalen Linken«, die sie berühmt gemacht hätten. Es ist wohl aber eher der musikalische Wandel vom Hardcore über Metal zum Gothic Rock, der ihnen einen massiven Popularitätsschub verpasste und damit auch die »dunkle Seite« der eh schon düster agierenden Truppe an das Licht einer größeren Öffentlichkeit brachte. Steele war aber clever genug, um auf weitere Extrem-Ausbrüche zu verzichten. Seine Texte tropften bisweilen immer noch vor Zynismus, allerdings verpackte er seine Themen geschickter, seine jugendliche Wut fand andere Kanäle. Und so verlief die Karriere bis zum überraschenden Tod des Musikers in ruhigeren Fahrwassern. Natürlich holt irgendein Journalist immer mal wieder den »Untermensch« aus der Kiste, aber so ist das halt, wenn man sich so weit aus dem Fenster lehnt.

Aus den falschen Fenstern guckt der anscheinend immer wütende Philip Hansen Anselmo. Er hat zwar in seiner Karriere einiges erreicht, bekommt durch seine verbalen Ausfälle allerdings auch immer wieder Probleme. Denn Phil scheint es mit der Wahrheit nicht ganz so genau zu nehmen, ist dafür aber der Erste, der sich sehr deutlich artikuliert. Nur um es am nächsten Tag zu bestreiten oder (wenn der Aussetzer mitgefilmt wurde) irgendwelche Ausreden für sein Verhalten zu finden. Gerne auch Jahre später, Anselmo ist da schmerzfrei. Die ersten Zweifel an der Integrität des Sängers kamen auf nach dem kometenhaften Aufstieg seiner Band Pantera. 1995 verhaspelte sich der glatzköpfige Schreihals, als er sich mit einigen farbigen Kollegen anlegte und daraufhin erklärte, Pantera seien keine rassistische Band, Weiße sollten aber stolz auf ihre Hautfarbe sein. Öh, ja. Ich bin Vegetarier, aber Huhn esse ich. Und manchmal Rind. Phil flüchtete sich in seine Lieblingsausrede, er sei falsch verstanden worden. Damit war die Sache für ihn erledigt.

Dem schnellen Auf- folgte bekanntermaßen ein kleinerer Abstieg von Pantera, der Anselmo (natürlich) nicht schmeckte. Hinter den Kulissen soll es spätestens nach den Aufnahmen von »The Great Southern Trendkill« (1996) ordentlich gerummst haben. Anselmo baute sichtbar ab, seine Attitüde, Drogen seien etwas für Schwächlinge, trug er aber weiter vor sich her. Seine Frühvergreisung erklärte der Mann aus New Orleans mit chronischen Rückenschmerzen, den falschen Medikamenten etc. Bis man ihn mit einer Spritze im Arm fand. Es war wohl doch eher das Heroin. Chronische Schmerzen und Heroin? Diese Kombi kennen wir schon von Kurt Cobain, der seine Bauchschmerzen damit zu therapieren versuchte. Das tragische Ergebnis landete bekanntermaßen an einer Garagenwand und war unschön anzuschauen. Anselmo fing sich wieder einigermaßen, glänzte mal mehr, mal weniger mit anderen Projekten und erarbeitete sich neue Glaubwürdigkeit. Bis er 2016 beim Gedenkfest »Dimebash« einmal mehr hackedicht auf die Bühne torkelte, den Hitlergruß zeigte und »White Power« brüllte. Die Entschuldigungen dafür waren so absurd wie vielfältig. Erst meinte er, es habe sich um einen Insiderwitz über Weißwein gehalten, dann wurde er aus dem Publikum heraus provoziert, und schließlich, Jahre nach dem Vorfall, erklärte er, seine Depressionen seien schuld an seinem manchmal »absurden Verhalten« gewesen. Und es habe ihn tief verletzt, dass die Leute das für bare Münze genommen hätten, wie er dem »Metal Hammer« 2018 in den Block diktierte. Ach so, jetzt sind wir verantwortlich für das lächerliche Benehmen eines Rockstars? Gut zu wissen, wir bitten in aller Form um Vergebung. Tatsächlich ließ sich diese erbärmliche Episode nicht so einfach aus der Welt schaffen, da der Auftritt 2016 mitgefilmt wurde. 2019 und 2023 sagten Veranstalter diverse Konzerte von Anselmo ab, unter anderem auch Shows mit den neu formierten Pantera. Cancel Culture oder berechtigte Maßnahme? Das darf jeder für sich selbst entscheiden. Aber eins ist klar: Beim nächsten Fehltritt in diese Richtung ist für Anselmo der Ofen in der Metal-Community ganz aus. Und das dürfte er auch wissen. Die Frage ist

nur, ob er es zwischen Rückenschmerzen und zu viel Weißwein nicht wieder vergisst.

Waren die letzten Kandidaten schon gut im Spiel, ist der
nun folgende Protagonist der ungekrönte König des politischen Fehltritts. Und anders als seine Kollegen, die maximal
ein paar Tage im Knast saßen, hat Jon Schaffer von Iced Earth
den Jackpot gezogen. Der Verfasser dieser Zeilen erinnert sich
noch gut daran, am 6. Januar 2021 auf der Couch gelegen und
dem Müßiggang gefrönt zu haben. Im Fernsehen lief irgendwas
zur Berieselung, als plötzlich eine Eilmeldung am unteren Bild-
schirmrand auftauchte. »Sturm auf das Capitol« stand dort zu
lesen. Fix den Sender gewechselt und mitten rein ins Chaos. Der
abgewählte US-Präsident Donald Trump hatte es tatsächlich geschafft, den durchgeknalltesten Teil seiner Anhängerschaft (und
das ist echt ne Leistung, zu denen zu gehören) so aufzustacheln,
dass sie die Legislative der USA angriffen, um »ihren« Präsi
behalten zu dürfen. Das FBI nennt so etwas inländischen Ter-
rorismus. Verwackelte Kamerabilder flimmerten über den Bild-
schirm, Polizisten versuchten verzweifelt, dem Mob den Zugang
zum Capitol zu versperren. Vergebens. Mehrere Tote später
stand die Meute im allerheiligsten der Vereinigten Staaten. Verzerrte Gesichter, Schreie, wieder flog eine Tür auf, der nächste
Raum wurde gestürmt. Und für den Bruchteil einer Sekunde
erscheint ein Gesicht in der Glotze, das dem Autor und Tausenden Metal-Fans verdammt bekannt vorkommt. Wenige Stunden
und ein paar Internet-Recherchen später ist klar, dieses Gesicht
gehört tatsächlich Jon Schaffer von Iced Earth. Mit einer Kappe

der »Oath Keepers«, einer rechtsextremen, staatsfeindlichen Verschwörungsgruppe, auf der verwirrten Rübe ist er ganz vorne dabei, die Demokratie in diesem Land zu Grabe zu tragen. Bewaffnet ist Schaffer mit einem »Anti-Bären-Spray« (ein extrem wirkungsvolles Reizgas), vielleicht erwartet er Wa(s)chbären in den hinteren Räumen.

Tatsächlich hält sich die Überraschung der Fans in Grenzen, denn Schaffer ließ seit Jahrzehnten keine Gelegenheit aus, seine extremen politischen Ansichten in die Welt zu trompeten. Er vermutete bei quasi jeder Wahl, die nicht die Republikaner für sich gewinnen konnten, eine Verschwörung der Demokraten. Seine »America-First«-Einstellung stieß vor allem in Europa auf Gegenwind, ebenso seine Begeisterung für Trump. Dazu kamen diverse Verschwörungstheorien von der Stange, Ausländer, Globalisten, Bürokraten und sonstiger Schmutz würden sein geliebtes Land in den Untergang treiben, und Covid war ohnehin nur eine Erfindung der Demokraten. Man muss den ganzen Quatsch an dieser Stelle nicht wiederholen, interessanter ist schon, dass er kurz vor dem Sturm auf das Capitol mehrere Morddrohungen gegen seine »Gegner« veröffentlichte, die ihm letztlich die größten Probleme machten. Denn nachdem Schaffer als einer der meistgesuchten Verbrecher vom FBI geführt wurde und sich schließlich stellte, konnte der Richter neben den eigentlichen Straftatbeständen zudem nicht ausschließen, dass Schaffer als Fanatiker (er selbst bezeichnete sich mehrfach als »konservativen Anarchisten«) seine Drohungen wahr machen würde. Knast war also unumgänglich, bis zu 30 Jahre standen anfangs zur Debatte. Durch Deals zwischen Staatsanwaltschaft und seinem Anwalt (in den USA völlig üblich), das Entgegenkommen des Angeklagten (er plädierte in zwei Anklagepunkten selbst auf schuldig) und möglicherweise der eine oder andere Information über Amerikas rechtsextremen Untergrund wurde die Strafe auf dreieinhalb bis viereinhalb Jahre gesenkt. Schaffer wurde für eine kurze Zeit auf freien Fuß gesetzt, machte sich gleich wieder aus dem Staub, meldete sich dann aber doch zur Einfuhr in den Kahn. Dort gefiel es dem Musiker überhaupt nicht, Mitgefangene drohten ihm angeblich mit dem Tode und bewarfen ihn mit Fäkalien. Einige wohl, weil sie in ihm einen Verräter sahen, für andere war er nur der Metal-Hippie. Schaffer durfte ein neues, vergittertes Domizil in Washington beziehen. Bis zur Abgabe dieses Manuskripts hockte er immer noch dort. Seine Band-Kollegen von Iced Earth haben sich samt und sonders von ihm losgesagt, auch Hansi Kürsch (Blind Guardian) beendete die gemeinsame Zusammenarbeit unter dem Namen Demons & Wizards. Mal schauen, wie sich Schaffer nach seiner Freilassung präsentiert. Gibt er sich reumütig, macht er Musik nur noch für rechte Hardliner, geht er in die Politik oder zieht er sich in die Weiten der Prärie zurück und züchtet Murmeltiere? Wir werden es möglicherweise erfahren.

Was wir nie erfahren werden, ist, was in den Köpfen der hier beschriebenen Künstler vorging und vorgeht. Alk, Drogen und in manchen Fällen die viel zitierte schwere Jugend können eine Erklärung, aber beileibe keine Entschuldigung sein.

Verhandlungsunterbrechung
Metal-Songs über
Knast und Knarren II

Immer für ein Abenteuer zu haben: Lemmy Kilmister.

Na, immer noch nicht genug von stinkreichen Rockstars, die über das harte Leben auf der Straße singen? Von hühnerbrüstigen Muckern, die sich in ihren Songs in nächtliche Serienmörder mit Superkräften verwandeln und nebenbei Mädchen abgreifen, wann und wo sie wollen? Dann nichts wie rein in die zweite Runde geträllerter Gesetzesübertretungen. Möge ein Schutzmann hinter der nächsten Ecke lauern!

Motörhead – »Jailbait« (1980)

Dass Lemmy nicht zu den gesetzestreuesten Bürgern auf diesem Planeten gehörte, ist kein Geheimnis. Die Außenseiterposition machte ihm Spaß, immer mit einem Bein im Knast und doch immer der glückliche Bastard. 1980 veröffentlichten Motörhead einen Song, der sich mit dem Groupie-Wesen backstage beschäftigt. Ob dabei eigene Erfahrungen im lyrischen Ich verarbeitet wurden, kann nur vermutet werden. Okay, ich persönlich würde einfach mal mein gesamtes Hab und Gut drauf verwetten. »Jailbait« kann in etwa mit »Lockvogel, der einen in den Knast bringt« übersetzt werden. Und der Titel erklärt sich überdeutlich, wenn man die Verse »I don't even dare to ask your age / It's enough to know you're here backstage« liest. Das würde heute einen Sturm der Entrüstung mit anschließenden öffentlichen Albumverbrennungen nach sich ziehen. Und das natürlich vollkommen berechtigt. Ein alter Bock stellt keine Fragen, ihm reicht es, dass sie da ist und den gleichen Plan hat wie er: Geschlechtsverkehr, meine Damen und Herren! Ihm tropft hörbar der Geifer aus

dem Maul, und er kann es nicht mehr erwarten, endlich bei-
zugehen. Hat 1980 offenbar niemanden gejuckt. Aber Lemmy
weiß schon, warum er 2015 die Hintertür genommen hat.

Judas Priest – »Breaking the Law« (1980)

Ja, da ist sie endlich, die Anti-Brav-Hymne des Heavy Metal
überhaupt. Rob Halford und seine Mannen waren jung (na ja,
nicht mehr blutjung) und fühlten sich von der Gesellschaft,
dem Staat und der Polizei unterdrückt. Nichts durften sie damals, keine Scheiben einschmeißen, keine Autos klauen, keine
alten Mütter im Park überfallen. Verdammter Spießerstaat!
Gut, wer die Autobiografie von Halford gelesen hat, weiß, dass
er sich in diesem Text in erster Linie darüber beschwert, dass er
seine Homosexualität in seinem englischen Kaff im Nirgendwo nicht ausleben darf, aber das ahnte damals noch niemand.
Im ikonischen Videoclip zu dem Song fährt der Sänger mit
einem Cabrio in die nächste Bank, um sie zu überfallen. Dort
warten schon seine beiden Gitarristen auf ihn, die völlig sinn-
befreit als Priester verkleidet sind. Ian Hill und Dave Holland
sind aus irgendwelchen Gründen schon im Gebäude. Man
möchte meinen, die Gang würde nun die Bank ausnehmen.
Natürlich tut sie das nicht. Stattdessen gucken sie böse um
die Ecke, singen harmlosen Bankkunden ins Gesicht, bis die
Brillengläser springen, oder tänzeln über die Schalter wie Ilja
Richter während eines Schlaganfalls. Endlich im Tresorraum
sägen die Riffs von Tipton/Downing die Tür auf. Magic Rob
biegt ein paar Eisengitter zur Seite und klaut aus der prall ge-

füllten Schatzkammer nicht mehr als eine Goldene Schallplatte, die auch noch der Band selbst gehört. Anschließend flieht die ganze Truppe mit dem Cabrio, in dem Halford angereist ist, und spielt im Fahrtwind (und unangeschnallt) den Song weiter. Weil Schlagzeuger Dave Holland als einziger sein Instrument nicht mit dabei hat, klatscht er einfach fröhlich in die Hände. Niedlich.

Metallica – »Ride the Lightning« (1984)

Da sitzt er nun, unser junger James »Bruder Jakob« Hetfield, die Akne-Rosen auf seiner Stirn sind noch nicht verblüht. Und doch hat er sein Ende bereits vor Augen. In der Todeszelle hockend, fragt er sich, was eigentlich passiert ist. Offensichtlich kann er sich nicht mehr an seine (?) Tat erinnern, aber irgendwas Schlimmes wird es gewesen sein. Für das sprichwörtliche Äpfelklauen in Nachbars Garten gibt es nicht mal in den USA den elektrischen Stuhl. Glaube ich zumindest. Tatsächlich ist es auch schon so weit, der Grillhocker ist angerichtet, und Hetfield kann es immer noch nicht fassen. Er fragt sich, was zum Teufel er hier macht. Und was seine Tat angeht, da kann er schon mal gar nichts für. Irgendjemand anderes habe ihn kontrolliert, meint er. Eine zugegeben ziemlich schwache Verteidigung, zumal er auch nicht sagt, wer das wie gemacht haben könnte. Das sieht der Richter auch so, der letzte Vorhang hängt und ist bereit zu fallen. Dann, angeschlossen ans Gerät, sieht der Held unserer Jugend Blitze vor seinen Augen und spürt sein Fleisch brennen. Klingt unangenehm, aber eine Frage hätte Hetfield dann doch noch. »Wer hat euch zu Gott ernannt, dass ihr sagen könnt, ich nehme dir dein Leben?« Eine durchaus interessante Frage, die sich Befürworter dieser elendig qualvollen Hinrichtungsart ruhig mal auf dem Frontallappen zergehen lassen dürfen. Musikalisch stammen Teile des Songs von Dave Mustaine, der es bis heute nicht fassen kann, bei Metallica rausgeflogen zu sein. Also eine Parallele zum Text dieses bis heute beliebten Titelsongs von Metallicas zweitem Album. Hetfield selbst saß übrigens nie auf dem elektrischen Stuhl (zumindest keinem angeschalteten), sondern nutzte seine Fantasie, um die Gefühle des Verurteilten zu beschreiben. Ganz und gar real hingegen ist die Tatsache, dass Songs von Metallica wie »Enter Sandman« neben anderen Metal-Stücken in Guantanamo Bay benutzt wurden, um dortige Gefangene zu foltern. Die Musik soll 24 Stunden lang in ohrenbetäubender Lautstärke abgespielt worden sein. 2008 freute sich Hetfield in mehreren Interviews darüber. Dem »Guardian« sagte er: »Wir foltern unsere Eltern, unsere Ehefrauen, alle, die wir lieben, unser Leben lang mit dieser Musik. Warum sollten die Iraker eine Ausnahme bilden?« Kann es sein, dass da jemand seinen eigenen Song nicht verstanden hat? Möglich, definitiv möglich.

Exodus – »The Ballad of Leonard and Charles« (2010)

Und wo wir gerade bei kalifornischen Rednecks sind; Metallicas beste Kumpels aus ganz frühen Zeiten, die wunderbaren Exodus, haben sich im Laufe ihrer langen Karriere auch so ihre

Gedanken über Recht und Unrecht gemacht. Früher ging es in der Regel um Drogen, da hatten sie einfach die meiste Erfahrung. Kurzzeitsänger Rob Dukes, dieser sympathische »Springinsfeld« in USA-Shorts, wütet auf dem Album »Exhibit B: The Human Condition« gleich zu Beginn über ein ganz anderes Thema. Denn mit »Leonard und Charles« sind die beiden Serienmörder Leonard Lake und Charles Ng gemeint, deren unfassbare Taten nie komplett aufgeklärt werden konnten. Mit Lake und Ng, der Jahre zuvor aus Hongkong in die USA gekommen war, hatten sich die richtigen Freaks gefunden. Beide hatten Spaß am Töten, Quälen und Vergewaltigen, beide kannten keine Grenzen. Lake, der Amateurpornofilme der härteren Gangart drehte, sah aus wie ein gewöhnlicher Buchhalter mit Schmerbauch, Ng war die asiatische Variante des gleichen Typus. Wann genau das Duo seine Mordserie begann, wird wohl für immer im Dunkeln bleiben. Bekannt ist nur, wann sie endete. Der an Kleptomanie leidende Ng wurde 1985 in San Francisco beim Ladendiebstahl erwischt und flüchtete, sein Begleiter Lake blieb aus nie geklärter Ursache am Tatort und sprach mit der Polizei. Er zeigte einen Führerschein, die Beamten wurden misstrauisch, weil das Alter unmöglich stimmen konnte, und untersuchten seinen Wagen. Dort fanden sie eine Waffe mit verbotenem Schalldämpfer, der Wagen war gestohlen, genau wie die Kennzeichen. Die wahren Eigentümer, wie der rechtmäßige Besitzer des Ausweises, wurden seit Monaten vermisst. Bingo! Lake kam mit auf die Wache, wo er um ein Glas Wasser bat und, in bester Nazi-Manier, eine Zyankali-Kapsel schluckte. Er starb nach vier Tagen im Krankenhaus. Seinem Komplizen Ng gelang die Flucht nach Kanada, wo er sich wenige Wochen später erneut bei einem Ladendiebstahl erwischen ließ (Kleptomanie und keinerlei Talent für Diebstähle sind eine schlechte Kombination) und nach einer kurzen Schießerei festgenommen wurde. In den USA hatte man zwischenzeitlich die Farm von Lake untersucht und auf den ersten Blick gleich mal zwölf Leichen so wie diverse menschliche Knochen gefunden. Die Polizei entdeckte zudem einen versteckten Raum, der als Kerker diente. Hier folterten und töteten Ng und Lake gemeinsam Männer, Frauen und Kinder. Ihre Taten nahmen die beiden Ex-Soldaten auf Video auf. Wie viele Menschen sie auf dem Gewissen haben, ist ungewiss, die Schätzungen beginnen bei 25 Opfern und enden sehr viel höher. Nach vier Jahren in einem kanadischen Gefängnis wurde Ng schließlich in die USA ausgeliefert und wartet dort seitdem auf seine Hinrichtung. Womit wir im wahrsten Sinne des Wortes wieder bei(m) Exodus wären.

Jane's Addiction – »Been Caught Stealing« (1990)

Jane's Addiction gehörten zu der frischen, jungen Welle von alternativen Rockbands, die sich ab Ende der achtziger Jahre von Judas Priest oder Iron Maiden lösten und ihren ganz eigenen Zugang zur Gitarrenmusik fanden. Nämlich den ihrer eigenen Großeltern. Die Rede ist vom Grunge. Viele Journalisten schwärmten speziell von Jane's Addiction, sie gelten als Erfinder dieser neuen Rockmusik, die alteingesessene Stars vom Thron stießen. Das gelang für ein paar Jahre, heute spielen wieder Deep Purple oder die Scorpions in den großen Hallen, während sich Jane's Addiction zumindest hierzulande eher in Clubs herumtreiben. Wenn sie überhaupt mal spielen und sich nicht wie zuletzt gegenseitig auf offener Bühne aufs Maul hauen. 1990 gelang der Truppe um Frontmann Perry Farrell (bürgerlich: Peretz Bernstein) mit »Been Caught Stealing« ein echter Hit, der im damaligen Musikfernsehen (die Älteren werden sich erinnern) rauf und runter lief. Im Text singt Farrell davon, dass er zum ersten Mal mit fünf Jahren beim Klauen erwischt wurde, es aber zu sehr mag, um damit aufzuhören. Er und seine Freundin stehlen Klamotten, Rasierer und was sie sonst noch brauchen und freuen sich des Lebens, weil sie nichts bezahlen müssen. So einfach ist das. Im Clip tobt die Band mit einigen anderen Verrückten durch einen kleinen Supermarkt, wo alles eingesteckt wird, was nicht niet- und nagelfest ist. Von der Ananas über Socken bis zum Besen. Hauptsache gemopst. Bei Live-Auftritten erzählte Farrell gerne, dass es sich um einen autobiografischen Song handeln würde, was einige Moralapostel gleich wieder auf die Barrikaden trieb. Farrell ruderte zurück und meinte, er würde nur versuchen, auf diesem langweiligen Planeten ein bisschen Spaß zu haben. Den hat er im Video unter seiner Strumpfhosenmaske definitiv. Und noch ein kleines Häppchen am Rande: Die Hündin, die am Anfang im Rhythmus bellt, gehörte tatsächlich Farrell. Er hatte sie gerade aus dem Tierheim geholt, wollte sie nicht allein in der Wohnung lassen und nahm sie deshalb mit ins Studio, wo dann diese zufällige Aufnahme entstand. Da der Song bereits einige Jahrzehnte auf dem Buckel hat, dürfte das Tier (sie hieß übrigens Annie) längst im Jenseits an den Knochen der Sünder nagen, aber sie hat sich unbewusst in ein Meisterwerk seiner Zeit geschummelt. Fein gemacht.

Zugabe

In diesem Kapitel hat sich der Verfasser dieser Zeilen absichtlich fern von Subgenres wie Porn Grind, Splatter Death Tech Metal, Ultra Brutal Raw Satanic Black Metal und ähnlichem Rabaukentum gehalten, weil man bei diesen Kameraden ja wahllos jeden Titel herausgreifen kann. Das ist langweilig. Einen Vertreter können wir aber doch beleuchten, einen der wohl bekanntesten Death-Metal-Songs der Welt: »Hammer Smashed Face«. Gut, Cannibal Corpse sind bekannt dafür, besonders anschaulich darzustellen, wie sie ihr Gegenüber gerne traktieren und vom Leben in den Tod befördern würden. In besagtem »Hammer Smashed Face« ist das Werkzeug der Wahl, schau an, ein Hammer. Damit bringen sie die Schädeldecke der nicht genauer definierten Person zum Bersten, rupfen selbiger die Äuglein aus und so weiter. Viel interessanter wäre der Text, wenn die Band sich bemüht hätte, den Titel beizubehalten und dabei keine schräge Mord- und Folterfantasie zu vertonen. Zum Beispiel hätte sie davon berichten können, dass Mr. und Mrs. Smith aus Pennsylvania den Hausmeisterservice rufen. Der rückt auch an, steht aber mächtig unter Druck, weil ganz viele andere Leute seine Dienste benötigen. Deshalb drückt Meister Bob seinem Lehrling einen zuvor nicht ordnungsgemäß geprüften Hammer in die Hand. Der Lehrling, zwei Meter groß und 130 Kilogramm schwer, holt aus, um ein Loch in die Wand zu klopfen, hinter der sich ein leckes Rohr befindet. Es kommt, wie es kommen muss, der Hammerkopf löst sich bei der Ausholbewegung vom Stiel und fliegt mit einem Affenzahn durchs Zimmer. In diesem Moment biegt Mrs. Smith mit einem Tablett voller Donuts um die Ecke, wird vom Geschoss unglücklich erwischt und ... Na ja, »Hammer Smashed Face« halt. So hätte die Geschichte wenigstens noch ein bisschen Unterhaltungswert. Mit einem Hammer wahllos Leute kaputt kloppen kann doch jeder.

Strafakte 8

Außer Rand und Band

»Ey, der Typ da drüben hat ne Kamera. Lasst uns das Stadion zerlegen!« Axl Rose und seine teuren Hobbys.

Wer könnte bei dieser Überschrift der erste Angeklagte sein, wenn nicht Axl Rose? Das rothaarige Frettchen mit der knöterigen Stimme ist uns in diesem Buch ja schon einige Male über den Weg gelaufen, er wurde wegen diverser Verfehlungen von mehr Menschen verklagt, als manche Orte in Deutschland Einwohner haben. Er selbst ist ebenfalls äußerst klagefreudig und beantwortet eine Anklage aus Reflex mit einer Gegenklage, zieht vor Gericht aber gerne auch mal den Kürzeren. Diverse seiner Prozesse, vor allem von ehemaligen Bandkollegen, Managern und anderen Mitarbeitern angestrengt, endeten in einem Vergleich. Da sind einige hunderttausend Dollar den Los Angeles River runtergeflossen. Na ja, besser, als wenn das Vermögen in seiner Nase landet. Am 2. Juli 1991 war Axl aber selbst für seine Verhältnisse groß in Form, als er bei einem Konzert in St. Louis während des Songs »Rocket Queen« sein Mikro auf den Boden schmiss, ins Publikum sprang und einen Mann verprügelte. Zurück auf der Bühne beschimpfte er die Security unflätig und verschwand dann von der Bühne. Das machte er früher gerne mal, kam dann aber meist irgendwann wieder. Dieses Mal nicht, also blieb der Band nichts anderes übrig, als ihm zu folgen. Der Grund für die Wut des kleinen Mannes? Er hatte im Publikum eine Kamera entdeckt, was ihn sehr erzürnte, da er grundsätzlich nur von seiner Schokoladenseite abgebildet werden möchte, auch wenn fraglich ist, welche genau das ist. Er gab später zu Protokoll, dass er die lokale Security viermal aufgefordert habe, den Herren mit der Kamera aus dem Publikum zu entfernen, was diese aber ignorierte. Also war Schluss mit dem Konzert, was das ahnungslose Publikum wenig erheiternd fand. Es begannen Ausschreitungen, erst in der Arena, dann in den angrenzenden Straßen, die stundenlang anhielten und viele Verletzte forderten. Wahrscheinlich nutzten örtliche Gangs die Gunst der Stunde und mischten kräftig mit. Das als »Riverport Riot« in die Geschichte eingegangene Spektakel hatte für Axl Konsequenzen, auch wenn der sich erst mal ziemlich clever aus der Affäre zog. Denn der Gig in St. Louis war der letzte der US-Tour, direkt im Anschluss flog die Band nach Übersee, um mal eben ein Jahr außer Landes zu weilen. Bei seiner Einreise wurde der Frontmann trotzdem einkassiert und vor einen Richter gestellt. Der befand, dass Rose nicht als Verursacher der Ausschreitungen zur Verantwortung gezogen werden dürfe und ließ ihn laufen. Rose gab an, dass es Abstimmungsprobleme zwischen der Band-Security und den lokalen Kräften gegeben habe. Außerdem sei die Sicherheit der Musiker nicht gewährleistet gewesen, es soll zu Flaschenwürfen aus dem Publikum gekommen sein. Einige hätten sogar Waffen mit in die Halle gebracht. Ein weiterer Punkt, der Axl sauer aufstieß: Es gab kein Limit für das Trinken alkoholischer Getränke in der Riverport Halle. Ein was? Und wer hat sich darüber beschwert? Herr William Bruce Rose Jr.? Kein schlechter Scherz, wenn man bedenkt, dass eben jener Mann ein paar Monate später dicht wie eine Natter beim Auftritt in Hannover kaum einen vernünftigen Ton hervorbrachte, ebenfalls minutenlang die Bühne verließ (akute Schwäche) und den Rest der Show hauptsächlich sitzend verbrachte. Für die ganze Aktion gab es also keine Strafe, aber immerhin ordentlich Lack von einem Mitmusiker. Gitarrist Izzy Stradlin, der kurz nach den Vorfällen unter anderem deshalb ausstieg, weil er die Kapriolen von Axl nicht mehr ertragen konnte, sagte damals: »Wenn so etwas passiert, musst du automatisch an Donnington denken (1988 wurden zwei Fans während des Auftritts von Guns N' Roses zu Tode getrampelt; die Band traf keine Schuld, Anm.d.A.). Was bringt uns dazu, den Auftritt abzubrechen und zu riskieren, dass weitere Menschen totgetrampelt werden, nur weil dem Sänger etwas nicht gefällt?« Wie auch immer, die Gemüter beruhigten sich wieder, nach einem Bann traten die Gunners 2017 erstmals wieder in St. Louis auf, alles blieb ruhig und niemand wurde illegal fotografiert.

Das Jahr 1992 wird Axl und den Fans ebenfalls noch lange in Erinnerung bleiben, denn in diesem Jahr begab man sich gemeinsam mit Metallica auf Tour und löste schon wieder einen Aufstand aus. Dieses Mal in Montreal, Kanada. Metallica eröffneten den Abend vor knapp 55.000 Fans im ausverkauften Olympic Stadium, als Hetfield mitten im Set zu nah an einen Pyroeffekt kam und sich seinen Arm verbrannte. Er musste sofort ins Krankenhaus gebracht werden, die restlichen Bandmitglieder entschuldigten sich beim Publikum und kündigten ein neues Konzert an. Dann wären die Gunners an der Reihe gewesen und hätten das Publikum mit einer guten Show und vielleicht zwei oder drei mehr Songs besänftigen können. Aber wir reden hier von Axl und seiner Gang, die damals komplett unter Feuer standen. Sie brauchten über zweieinhalb Stunden, um überhaupt auf die Bühne zu kommen. Da der unerwartete Abbruch von Metallica alle Pläne durcheinandergebracht hatte, brauchten die Techniker, die zum Teil wohl gar nicht vor Ort waren, weil sie mit einem späteren Einsatz gerechnet hatten, ewig, um die Anlage auf die Wünsche von Guns N' Roses umzustellen. Das gelang trotz der langen Wartezeit nicht optimal, die Band hörte sich selbst nicht, Axl klang wie ein halskranker Graupapagei (also noch schlimmer als sonst). Entnervt brach die Gruppe ihren Auftritt nach neun Songs ab, was wohl das Dümmste war, was ihnen einfallen konnte. Die Fans hatten jetzt nicht mal ein komplettes Konzert gesehen und reagierten ungehalten. Es kam zu Randale, Polizeiautos wurden umgeworfen, fahrbare Verkaufsstände geplündert und Feuer gelegt. Der Schaden allein im Stadion soll über 600.000 Dollar betragen haben. Axl, so berichteten Augenzeugen später, soll während der Ausschreitungen (die Bands durften den Ort aus Sicherheitsgründen nicht verlassen) in den Katakomben gesessen und sich in aller Seelenruhe einen hinter die Binde gekippt haben. Eine Mitschuld an den Krawallen habe er laut Metallica-Gitarrist Kirk Hammett von sich gewiesen. Er wurde auch nie dafür belangt. Bei so einem Verhalten ist es dann

194

auch kein Wunder, dass Mike Patton von der Vorband Faith No More Axl auf den Teleprompter pinkelt. Leider wurde er dabei gesehen, seine Band flog von der Tour. Metallica spielten 1993 zwei Shows in der Stadt zum halben Preis und kehrten 2023 erstmals wieder ins Olympic Stadium zurück, Guns N' Roses erhielten von den Betreibern ein lebenslanges Auftrittsverbot. Ob dabei das Leben von Axl, von Guns N' Roses oder die Lebensdauer des Stadiums gemeint ist, wird nicht klar.

Sebastian Bach, in vielerlei Hinsicht so etwas wie der kleine Bruder von Rose (mittlerweile nähern sich beide auch optisch erstaunlich an), konnte in seiner Zeit bei Skid Row sein Temperament ebenfalls schlecht im Zaum halten. Zwar spielte die Band nie vor solchen Massen wie die Gunners, aber für einen kleinen Aufstand reichte es immerhin doch. Im Dezember 1989 traten Skid Row in einem Club in Springfield, Massachusetts auf, als ein Fan einen Gegenstand (manche sprechen von einem stabilen Becher, andere von einer Glasflasche) zielsicher an den Kopf des Frontmannes warf. Der nahm den Gegenstand, schleuderte ihn wutentbrannt zurück und traf dabei die unbeteiligte Elizabeth Meyers (17 Jahre). Sie trug eine gebrochene Nase und leichte Verletzungen im Gesicht davon. Bach war aber gerade erst in Fahrt, sprang ins Publikum und einem anderen Fan, wahrscheinlich dem Werfer, gegen den Kopf, was eine gewisse Bewegung im Publikum auslöste. Nach dem Auftritt wurde Bach von der Polizei wegen zweifacher Körperverletzung, in einem Fall schwer, eingeknastet. Dort blieb er aber nicht lange, seine Anwälte handelten einen Deal aus. Er durfte wieder in Freiheit, musste aber 16.000 Dollar Strafe zahlen, zwei Jahre nüchtern bleiben (da hat er sich ganz sicher dran gehalten) und der jungen Frau 500.000 Dollar Schmerzensgeld überweisen. Später sagte Bach in einem Interview, dass er danach pleite war. Was ihn aber bis heute nicht davon abhält, sein Publikum anzupöbeln, wenn es T-Shirts seiner Ex-Bands Skid Row oder Madame X trägt. Gut, dass er heute vor deutlich weniger Fans auftritt als damals. Der nächste Aufruhr kann trotzdem nur eine Frage der Zeit sein.

In kleinerem Ausmaße waren und sind auch Warrel Dane (ehemals Nevermore, gestorben 2017) und Maurizio Iacono von Kataklysm jederzeit für ein bisschen Randale gut. Beide Frontmänner beanspruchen das Patent für den »Security Stress Test«. Wer da von wem geklaut hat, ist nicht bekannt. Die Aufforderung an die Fans, die Bühne zu stürmen, ist in einem Club mit 500 Leuten schon nicht ganz ungefährlich. Dane lud die Fans allerdings mal beim Wacken Open Air dazu ein, beim folgenden Song die Bühne zu stürmen. Man konnte förmlich sehen, wie die Gesichtsfarbe der Bühnenbewacher in kalkweiß und kurz darauf knallrot wechselte, weil mehrere tausend Anhänger der Aufforderung des ordentlich abgefüllten Sängers folgten und nicht wenige Erfolg hatten. Logisch, bei 3000 gegen 30. Danes Mitmusiker schienen auch nur mittelmäßig begeistert von der spontanen Idee ihres Vorturners, der dafür rechtlich nicht belangt wurde, aber vom Festivalmanagement ordentlich Schimpfe bekommen haben dürfte. Led Zeppelin reihen sich natürlich auch ein, allerdings forderten sie die 70.000 bei einem Konzert in Florida 1977 nicht auf, die Bühne zu stürmen. 4.000 von ihnen taten es freiwillig, nachdem das Konzert wegen eines nahenden Unwetters abgebrochen werden musste. Die Ausschreitungen forderten rund 50 Verletzte, es gab über 20 Festnahmen. Die Geschichte ging als »The Tampa Incident« in die Geschichte ein.

Zurück zu den ordentlichen Straftätern, die nicht »nur« ein paar Securitys in Angst und Schrecken versetzen. Manche Musiker rufen nicht zum Durchdrehen auf, sie erledigen das gleich selber. So wie Gitarrenhexer Pat O'Brien, lange Jahre bei Nevermore und Cannibal Corpse in Lohn und Brot, der am 10. Dezember 2018 einfach mal austickte. Erst zündete der als Waffennarr bekannte Musiker sein eigenes Haus an, dann betrat er ein anderes Heim in der Nachbarschaft. Die beiden Bewohner, die O'Brien nicht kannten, forderten ihn auf, zu gehen. Er schubste daraufhin die Frau zu Boden und versteckte sich im Haus des Paares. Das rief die Polizei. Auf die Aufforderung, sich zu ergeben, attackierte der offensichtlich komplett verwirrte Pat einen Polizisten mit einem Messer. Er wurde getasert und ins Gefängnis geschafft. Einen Tag später stand er bereits vor Gericht, an Händen und Füßen gefesselt, dazu trug er eine sogenannte »Anti-Suizid-Weste«, die verhindern soll, dass sich die Delinquenten etwas antun. Die Sache war ernst, alleine für den Angriff auf den Beamten mit einer tödlichen Waffe hätte ihm 30 Jahre Knast einbringen können, der Einbruch wäre im schlimmsten Fall mit lebenslang bestraft worden. Zu allem Überfluss entdeckten die Beamten in den Trümmern von O'Briens Haus diverse legale und illegale Waffen, darunter 50 Gewehre, zehn halbautomatische Wummen, 20 Pistolen, drei Feuerwerfer und eine abgesägte Shotgun. Dazu kamen unzählige Kartons mit Munition und weiteres Zubehör. Zum größten Teil waren die Gegenstände durch das Feuer unbrauchbar geworden. Erstaunlich, dass nicht gleich die ganze Nachbarschaft in die Luft geflogen ist. Außerdem stießen die Ermittler auf drei menschliche Schädel, was den Stand von O'Brien nicht unbedingt verbesserte. Aber er traf auf einen ungewöhnlich verständnisvollen Richter, der einen Drogentest anordnete und den Sechssaiter nach drei Tagen wieder in die Freiheit entließ. Der Prozess fand 2021 statt, Pat wurde zu 150 Stunden gemeinnütziger Arbeit, 23.800 Dollar Strafe und fünf Jahren ohne Drogen und Alkohol verknackt, auch da sich herausstellte, dass er die Schädel gekauft und nicht selbst »besorgt« hatte. Angesichts der möglichen Strafen ein Klacks. O'Brien zog sich in dieser Zeit komplett aus der Öffentlichkeit zurück, bis er schließlich 2022 für vorerst eine Show bei den Thrashern von Exhorder einstieg. Deren Sänger Kyle Thomas gab an, dass Pat unsicher war, ob die

Fans und andere Musiker ihn überhaupt in ihrer Nähe akzeptieren würden. Das Gegenteil war der Fall, er wurde von den Anhängern gefeiert und ist mittlerweile festes Mitglied der Band. Er wird von Nachbarn und alten Kollegen durchgehend als umgänglicher und sehr freundlicher Mensch beschrieben. Hatte am 10. Dezember 2018 wahrscheinlich einen verdammt schlechten Tag, an dem er nicht nur anderen Menschen einen Schrecken einjagte, sondern dank des selbst gelegten Feuers auch sein komplettes Hab und Gut verlor. Seine ehemalige Band Cannibal Corpse unterstützte ihn danach finanziell, mittlerweile sollte alles wieder im Lot sein.

Ob das bei Yngwie Malmsteen (bürgerlich: Lars Lannerbäck) je der Fall sein wird, darf man ohne weiteres bezweifeln. Der Schwede mit den flinken Fingern und dem riesigen Ego war in den Achtzigern mal richtig groß, heute spielt er eher die zweite Geige. 1993 war der Ferrari-Liebhaber und Seidenhemdenträger mit der erst 19-jährigen Amber Landin liiert. Die hatte irgendwann die Nase voll von Malmsteens Getue und kündigte an, wieder zu ihrer Mutter Elaine zu ziehen. Mama kam auch direkt von Arizona nach Florida, um ihre Leibesfrucht heim zu bringen. Daraufhin schnappte sich der Gitarrist eine Pistole und eine Shotgun und erklärte der Mama, dass sie herausfinden würde, wie diese Waffen funktionierten, wenn sie ihre Tochter mitnähme. Irgendwie gelang es der Mutter, die Polizei zu rufen, die Malmsteens Anwesen daraufhin umstellte. Obwohl Skandinavier ja eigentlich nicht so mitteilsam sind, verhandelte der Mucker eine Stunde lang mit der Staatsmacht, bis er sich endlich ergab. Er wurde festgenommen und hätte wahrscheinlich die nächsten Jahre im Kittchen verbracht, wenn seine Herzensdame ihm nicht alles vergeben hätte und kurz darauf sogar seine Ehefrau geworden wäre. Sehr wahrscheinlich ohne Mama als Gast. Die Ehe wurde 1998 ohne Androhung von Waffengewalt geschieden. Malmsteen selbst bezeichnete sich in Interviews als »komplexe Persönlichkeit«, aber er tue, was er kann. »In zehn Jahren werden sich die Leute umdrehen und sagen ›Er war kein schlechter Kerl‹.« Was zu beweisen wäre ...

Schlechte Kerle waren und sind die Mitglieder von Great White wahrscheinlich auch nicht. Der im August 2024 an einer Hirnerkrankung verstorbene Sänger Jack Russell (ja, es ist tatsächlich nicht die Hunderasse gemeint) und seine Gang ließen es in den Achtzigern ordentlich krachen, verbrachten anschließend fast so viel Zeit vor Gericht wie auf Konzertbühnen, um sich gegenseitig zu verklagen, müssen alles in allem aber als eher harmlos angesehen werden. Trotzdem geht eines der schlimmsten Konzertunglücke der Geschichte auf ihr Konto. Am 20. Februar 2003 machte die Band auf ihrer Tour Halt in einem Club namens The Station in Rhode Island. Wie viele Fans genau anwesend waren, darüber herrscht Uneinigkeit in den Quellen. Es dürften um die 400 gewesen sein. Ein nicht als Pyrotechniker ausgebildetes Crew-Mitglied zündete zu Beginn der

Show ein paar Effekte, die Funken setzten sofort die mit einem nicht genehmigten Bauschaum isolierten Wände (wegen der Nachbarn) in Brand, zu allem Überfluss waren auch noch mehrere Notausgänge versperrt – so wurde The Station zur Todesfalle für 100 Menschen, die im dichten Rauch und in Panik nicht mehr rechtzeitig nach draußen kamen. Darunter auch der Band-Gitarrist Ty Longley, der versuchte, Fans aus dem zusammenstürzenden Gebäude zu retten. 115 erlitten teils schwerste Brandverletzungen und sind für immer entstellt. Obwohl die Band direkt keine Schuld an dem Desaster trug, zahlte sie fünf Jahre später insgesamt eine Million Dollar an Überlebende und Hinterbliebene der Katastrophe. Die Band ging nach einer Pause wieder auf Tour, allerdings war ihr Name im wahrsten Sinne des Wortes verbrannt. Ein Unglück, das bis heute in den Köpfen vieler Fans steckt. Russell selbst geriet bereits als Jugendlicher 1979 ernsthaft mit dem Gesetz in Konflikt. Er überfiel einen Drug Store und schoss von außen in das Gebäude. Dabei traf er den Hausmeister, der schwer verletzt wurde, aber überlebte. Russell wurde damals zu acht Jahren Haft verurteilt, kam aus unerfindlichen Gründen aber schon nach elf Monaten (andere Quellen sprechen von 18 Monaten) wieder frei. Seine 1977 gegründete Band (aus der Great White werden sollten) ließ ihn notgedrungen wieder mitmachen. Und so nahmen erst der große Erfolg (mehrere Gold- und Platinauszeichnungen) und dann das Unglück seinen Lauf.

Weniger schlimm aber auch nicht erfreulich erging es Cannibal Corpse. Sie machten 2014 auf ihrer Tour durch Russland Bekanntschaft mit der immer restriktiver werdenden Staatsmacht. Die Band, die schon mehrere Male durch Russland getourt war, wollte acht Konzerte spielen, nur vier davon fanden statt. Denn 2013 war das sogenannte »Anti-Blasphemie-Gesetz« erlassen worden, das jede Verletzung religiöser Gefühle, und zwar auch durch die Kunst, unter Strafe stellt. Deshalb fielen 2014 bereits Touneen von Marilyn Manson (die mit Eiern beworfen wurden) und Behemoth ins Wasser, nun waren Cannibal Corpse dran. Die Anzeige gegen die Band wurde von Dmitry Tsorionov gestellt, einem religiösen Eiferer und Aktivisten. Tsorionov ist extrem religiös, liebt Jesus, hasst Schwule, Andersdenkende und Satan dafür umso mehr. Regelmäßig stürmen er und seine Mitstreiter nicht nur Metal-Konzerte (wenn sie denn stattfinden dürfen), sondern auch Theater, Museen, Universitäten und überhaupt jeden Ort, der nicht im 19. Jahrhundert stecken geblieben ist. In St. Petersburg hatte sich bereits eine ansehnliche Zahl von Metal-Fans vor dem Club versammelt, der die Türen allerdings nicht öffnete. Offizielle Begründung: Technische Probleme. Diese »Ausrede« wurde übrigens auch bei den drei anderen ausgefallenen Auftritten benutzt. Einer der Fans las die Begründung der Behörden vor und verbrannte das Blatt schließlich unter dem lauten Jubel der Metalheads, die auch noch anfingen staatsfeindliche Lieder zu intonieren. Das war zu viel für die anwesende Polizei, sie orderte Verstärkung und mischte den Mob mal so richtig auf. 18 CC-Fans kamen in Haft, mehrere sollen teils schwere Verletzungen davongetragen haben. Das alles passierte wie gesagt 2014, dem Jahr der Krim-Annexion, das totalitäre Russland ließ die Maske fallen.

Makabre Macabre

Zweimal Brust und einmal Schenkel. Macabre sind ausgewiesene Feinschmecker.

Ganz zum Schluss noch mal Lust, so richtig in die Vollen zu gehen? Mit Blut und so? Dann los, denn ein Buch über die Verbrechen im Heavy Metal ohne die Ober-Sickos von Macabre wäre ein Leberwurstbrot ohne Senf, ein Bier ohne Öffner oder ein Konzert ohne verzerrte Gitarren. Es geht einfach nicht. Das Trio aus Chicago, das in seiner seit 1985 währenden Karriere noch nicht einen Besetzungswechsel zu verzeichnen hat (wahrscheinlich will mit denen keiner spielen), kümmert sich seit rund 40 Jahren hingebungsvoll um Serienkiller und ähnliches Gelumpe und verliert anscheinend nie den Blutdurst. Dabei sind die Herren bereits jenseits der 60 und könnten langsam mal erwachsen werden. Daran haben sie aber scheinbar kein Interesse. Schon auf ihrem ersten Demo »Shit List« (1987) fand sich der Song »What the Heck Richard Speck (Eight Nurses You Wrecked)«, was eine poetische Umschreibung der Taten des Richard Speck (1941–1991) darstellt. Der hagere Gewohnheitsverbrecher saß zeitlebens mehr im Knast, als dass er frei umherwandeln konnte, diese Zeit nutzte Speck allerdings ziemlich effektiv. Im Jahr 1966 hatte er bereits zwei Morde auf dem Konto, warum er mal wieder in Freiheit war, wissen nur die an den Prozessen beteiligten Richter. Am 13. Juli überfiel der Mann mit dem schmackhaften Namen ein Schwesternwohnheim und brachte neun Auszubildende in seine Gewalt. Nach seiner Aussage wollte er sie eigentlich nur ausrauben (in so einem Schwesternwohnheim gibt es bekanntlich Unmengen von Bargeld und Schmuck!), dann fiel ihm aber ein, dass die Mädchen ihn identifizieren könnten. Also fing er ziemlich konzeptlos an, seine Opfer auf verschiedene Zimmer zu verteilen, um sie dann zu erdrosseln oder ihnen die Kehle aufzuschlitzen. Ein Opfer vergewaltigte er vorher. Weil er offensichtlich nicht die hellste Lampe im Haus war, vergaß er ein Mädchen, das sich unter einem Bett versteckte. Wer innerhalb von zwei Stunden acht Menschen umbringt, kann ja auch mal durcheinanderkommen. Besagte Neunte konnte die Polizei verständigen und den Täter sehr gut beschreiben. Speck wurde gefasst und zum Tode verurteilt, das Urteil wurde 1972 aber in lebenslänglich (genauer: acht Haftstrafen zwischen 50 und 150 Jahren) umgewandelt. Speck starb in seiner Zelle an einem Herzinfarkt. Nach seinem Tod tauchte ein Video auf, das für einen Skandal sorgte. Es zeigte Speck und andere Häftlinge bei Drogenpartys und Sexspielen. Speck selbst sagt den bekannten Satz: »Wenn die wüssten, wie viel Spaß ich hier habe, würden sie mich sofort freilassen.« Specks Geschichte wurde in mehreren Filmen erzählt, der Maler Gerhard Richter entwarf den Bildzyklus »Acht Lernschwestern«. Macabre befinden sich aus künstlerischer Sicht also in guter Gesellschaft.

Doch damit waren und sind die Herren noch lange nicht fertig, sie fangen erst an. Auf ihrer ersten EP (1987) kommen gleich mehrere Freaks zu (nicht verdienten) Ehren. »Mr. Albert Fish (Was Children Your Favorite Dish?)«, »Son of Sam« und »Ed Gein« seien als Beispiele genannt. Hamilton Howard »Albert« Fish (1870–1936), der Songtitel lässt es erahnen, war ein schwer gestörter Mann, der eine ganze Reihe von Fetischen sein Eigen nennen konnte. Leider gehörte auch Kannibalismus dazu. Er stammte aus einer Familie, in denen viele Mitglieder mit Halluzinationen und anderen psychischen Erkrankungen kämpften. Aber niemand war so gefährlich wie er. Die Zahl seiner Morde ist nur zu schätzen, manche gehen davon aus, dass es um die 100 sein könnten, wobei er selbst nur drei tatsächliche und zwei versuchte Morde gestand. Der Mann war verheiratet und hatte sechs Kinder, muss also ein ziemlich gutes Zeitmanagement besessen haben. Den Tod brachte ihm sprichwörtlich die Entführung und Ermordung der zehnjährigen Grace Budd, die er anschließend zerlegte und von der er sich aus verschiedenen Körperteilen tagelang Mittagessen zubereitete. Na, Mahlzeit! Bei seiner Verurteilung zum Tod auf dem elektrischen Stuhl zeigte er sich freudig erregt. Und auch am Tag seiner Hinrichtung war er voller Eifer dabei und half den Beamten noch, die Elektroden an seinem Körper zu befestigen. Da legte Fish mal ausnahmsweise ein vorbildliches Verhalten an den Tag. Nach dem Tod wurden diverse Nadeln entdeckt, die im Körper des Killers steckten. Masochismus in Formvollendung. David »Son of Sam« Berkowitz (1953) war nur kaum weniger krank, immerhin verzichtete er darauf, seine Opfer zu essen. Von 1975 bis 1977 tötete er völlig wahllos sechs Menschen, sieben verletzte er schwer. Angeblich aus Wut über die Tatsache, dass er adoptiert wurde und ihm niemand etwas darüber gesagt hatte. Bei seiner Festnahme erklärte Berkowitz außerdem, dass der Hund seines Nachbarn, er hieß Sam, eigentlich ein Dämon sei und ihm die Taten befohlen habe. Mein lieber Mann, da ist die Murmelbahn in der Rübe aber ordentlich durcheinandergekommen. Heute ist der zu lebenslänglicher Haft verurteilte Berkowitz übrigens praktizierender Christ und arbeitet in der Knast-Seelsorge. Gut, dass es da keine Hunde gibt. So viel Glück hatte Ed »The Plainfield Ghoul« Gein (1906–1984) nicht. Es ist auch zu bezweifeln, dass er als Seelsorger getaugt hätte. Er schaffte es nicht zum Serienmörder, da er wahrscheinlich »nur« zwei Frauen umbrachte (um als Serienmörder zu gelten, braucht es mindestens drei), dafür aber Gräber öffnete, Leichen schändete und die Überreste seiner nächtlichen Friedhofsstreifzüge zu nützlichen Alltagsgegenständen umfunktionierte. Aus den Schädeln machte er zum Beispiel Schüsseln, aus der Haut der Leichen nähte er sich einen schicken Sonntagsanzug. Insgesamt will Gein um die 40 Leichen ausgebuddelt haben, ausschließlich Frauen, die seiner Mutter ähnlich sahen. Auch die beiden Mordopfer erinnerten an seine extrem dominante und über allen Maßen religiöse Mama. Herzlichen Glückwunsch zur extrem strengen Erziehung, Gein wurde 1968 vor Gericht gestellt und für wahnsinnig erklärt, er starb 1984 im Mendota Mental Health Institute an Krebs. Dank seiner besonderen Vorlieben gilt Gein als einer der bekanntesten Killer der Neuzeit, er inspirierte Robert Bloch zu »Psycho«, gilt als Vorbild für Jame »Buffalo Bill« Gumb aus »Das Schweigen der Lämmer« und hielt an diversen weiteren Stellen Einzug in die Kunst. Natürlich auch im Heavy Metal, neben Macabre widmeten ihm Bands wie Slayer (»Dead Skin Mask«), Mudvayne (»Nothing to Gain«), Tad (»Nipple Belt«) oder Deranged (»Plainfield Cemetary«) Songs oder gleich ganze Alben.

Apropos, auf ihrem ersten Album »Gloom« (1989) gingen Macabre dann so richtig in die Vollen. Hier lassen sie alleine in den Songtiteln eine ganze Parade von Schwerstverbrechern aufmarschieren. Der erste ist Fritz Haarmann (1879–1925) aus Hannover, der in »Fritz Harmann the Butcher« verarbeitet wird. Tatsächlich hält sich bis heute das Gerücht, der homosexuelle Haarmann habe seine ausschließlich männlichen Opfer zu Wurst verarbeitet. Das konnte so nie bewiesen werden, allerdings handelte der Serienkiller tatsächlich mit Fleisch, dessen Quelle er nicht angeben konnte. Selbst Restaurants kauften bei ihm, was die Bestellung einer Bockwurst in Hannover zwischen 1918 und 1924 gefährlich machte. Warum Haarmann seine »Puppenjungs« tötete? Er geriet beim Sex in einen unkontrollierbaren Rausch, erwürgte die auf der Straße aufgelesenen jungen Männer oder biss ihnen den Adamsapfel durch. Anschließend machte er in der Regel ein Nickerchen, um sich dann an die Zerteilung zu machen. Das Fleisch ins Töpfchen, die Knochen ins Kröpfchen. Die wurden, wie die Eingeweide, nachts in der Leine oder irgendwelchen Parks verklappt. Die Kleidung und eventuelle Wertgegenstände verkaufte er zusammen mit einem Komplizen. Das Gericht konnte ihm schließlich 24 Morde nachweisen, er wurde zum Tod durch das Fallbeil verurteilt. Sein Kopf wurde bis 2014 aufbewahrt und dann eingeäschert. In »Harvey Glatman (Your Soul Will Forever Rot)« gibt sich der als »The Lonely Hearts Killer« bekannt gewordene Glatman (1927–1959) die Ehre. Der wurde schon als Kind auffällig, indem er sich das Geschlechtsteil abband oder eine Schlinge um den Hals legte. Später wurde bei ihm Schizophrenie diagnostiziert. Er vergewaltigte und ermordete drei Frauen. Beim vierten Versuch wurde er von einem Polizisten am Rand einer öffentlichen Straße überwältigt. Seine Masche: Er gab sich als bekannter Fotograf aus und versprach hübschen jungen Damen eine Karriere als Model. Glatman endete 1959 in der Gaskammer, nicht ohne die Wärter vorher zu bitten, im Falle von Problemen nichts zu unternehmen, um ihn zu retten. Wenigstens hatte er am Ende seines Lebens mal eine gute Idee. »McMassacre (James Huberty)« vertont einen Amoklauf von 1984. Er zählt bis heute zu den opferreichsten in der Geschichte der USA. Und, der Songtitel lässt es vermuten, er fand in einer Filiale von McDonald's statt. James Huberty (1942–1984) war anscheinend schon immer ein Arschloch. Bereits als Kind interessierte er sich hauptsächlich für Waffen, soziale Kontakte mied er. Natürlich stammte er aus einer extrem religiösen Familie, er neigte auch als junger Erwachsener und späterer Familienvater zu cholerischen Ausbrüchen. Er verprügelte regelmäßig seine Frau, seine Töchter beschimpfte er und hielt ihnen ein Messer an die Kehle. Auch Kollegen, Huberty arbeitete als Bestatter, beschrieben ihn als krankhaft impulsiv und paranoid, allerdings kam er, von ein paar kleineren Ermahnungen abgesehen, immer damit durch. 1982 wurde er arbeitslos und siedelte mit seiner Familie nach Mexiko über. Der studierte Soziologe nahm an, dass sein Erspartes hier länger halten würde. Von Mexikanern hielt er allerdings nichts, seinen Umzug kommentierte er mit den Worten: »Wir zeigen denen mal, wer der Boss ist.« Das tat er am 18. Juli 1984 um vier Uhr nachmittags, als er mit mehreren Waffen ausgerüstet einen McDonald's nahe seiner Wohnung betrat und wahllos um sich schoss. Er tötete 17 Menschen im Schnellrestaurant, darunter einen acht Monate alten Säugling. Weil ihm das aber nicht reichte, griff er auch Menschen auf dem Parkplatz an. Darunter drei Teenager mit BMX-Rädern, von denen nur einer seine Schusswunden überlebte. Auch Familien in Autos wurden beschossen. Insgesamt fanden auf dem Parkplatz vier weitere Menschen den Tod, diverse wurden zum Teil schwer verletzt. Huberty wurde schließlich von einem Scharfschützen, der gegenüber auf einem Donut-Laden in Stellung gegangen war, erschossen. Insgesamt wütete er 77 Minuten lang. Seine Frau und Kinder erhielten nach dem Amoklauf zahlreiche Todesdrohungen und zogen schließlich wieder in die USA. McDonald's verzichtete in den Tagen nach der Tat auf jegliche Fernsehwerbung, Burger King schloss sich an. Das Gebäude wurde abgerissen. David Brom (*1971) aus dem Song »David Brom Took an Axe« machte einfach mal kurzen Prozess mit dem größten Teil seiner Familie und zerlegte 1988 seine Eltern und zwei Geschwister, jawohl, da sind Macabre historisch akkurat, mit einer Axt. Zum Zeitpunkt der Tat war er 16 Jahre alt, der Grund war angeblich ein Streit mit seinem Vater. Brom wurde gefasst, weil er mit seinem Handy telefonierte und so lokalisiert werden konnte. Er sitzt noch immer im Gefängnis und darf frühestens 2040 einen Antrag auf Bewährung stellen. Dann wäre er fast 70 Jahre alt. »Hey Laurie Dann« beschäftigt sich mit den Taten einer jungen Frau aus der Nähe von Chicago. Ihr einziges Ziel im Leben war es, einen Ehemann zu finden. Das ging bis auf eine Ausnahme schief, aber auch der Gatte ließ sich schnell wieder scheiden, kaum dass er die seltsamen Verhaltensweisen von Dann bemerkt hatte. Ihre hasserfüllten Anrufe in der Folge nahmen solche Ausmaße an, dass Dann sogar für kurze Zeit ins Gefängnis wanderte. In ihrer Zeit als studentische Babysitterin beschädigte sie Möbel in den Häusern ihrer Auftraggeber, außerdem stahl sie Essen und Klamotten. Gerne versteckte sie rohes Fleisch in Sofakissenbezügen oder fuhr in der Uni stundenlang mit dem Aufzug rauf und runter. Häufig trug sie Handschuhe, weil sie sonst kein Metall berühren konnte. Ihre Eltern schickten sie in Therapie, die sie eigenständig wieder abbrach. Sie pendelte zwischen ihrem Elternhaus, verschiedenen Liebschaften und Studentenwohnheimen, wo sie aber schon lange nicht mehr wirklich studierte. In den Tagen vor dem 20. Mai 1988 präparierte sie diverse Päckchen mit vergifteten Keksen und Säften und schickte diese an ehemalige Partner, ihren Therapeuten und andere Bekannte. Da die Kekse dank des zugesetzten Giftes komisch rochen und der Saft auf dem Transport zumeist ausgelaufen war, kam niemand ernsthaft zu Schaden. Dann nahm sie mehrere Handfeuerwaffen und betrat die Hubbard Woods Elementary School, in der sie die Töchter ihrer Schwägerin vermutete. Die waren an diesem Tag allerdings auf einem

Ausflug, was Dann nur kurz irritierte. Sie ging über die Flure, schoss wahllos auf Kinder (die alle ohne bleibende Schäden überlebten) und erschoss in einem Klassenraum den achtjährigen Nick Corwin, den sie nie zuvor gesehen hatte. Anschließend versuchte sie in ihrem Auto zu fliehen, baute einen Unfall und flüchtete, mit einem Müllsack bekleidet, durch einen Wald, wo sie auf das Haus einer dreiköpfigen Familie stieß. Sie nahm die Andrews als Geiseln. Mehrere Versuche der Familienmitglieder, Dann zu entwaffnen, misslangen, sie schoss dem zwanzigjährigen Sohn in die Brust, aber er überlebte. Auch die Eltern überlebten, da sich Dann bei Eintreffen der Polizei in den Mund schoss. Heute wird ihre Tat als der erster Amoklauf an einer Schule bezeichnet, was inhaltlich allerdings falsch ist. In Deutschland wurde die erste Tat dieser Art bereits im Jahr 1913 in Bremen dokumentiert, als ein arbeitsloser und psychisch kranker Lehrer auf Schüler feuerte und fünf Mädchen tötete.

Etwas zügiger ging es 1989 bei dem 24-jährigen Patrick Purdy, dessen Tat in »Patrick Purdy (Killed Five and Wounded Thirty)« erzählt wird. Der Titel sagt eigentlich alles, erwähnt sei noch, dass Purdy (1964–1989) die Cleveland Elementary School in Stockton, Kalifornien überfiel, die er Jahre zuvor selbst besucht hatte. Er stammte aus einem Alkoholikerhaushalt, kam früh mit Drogen aller Art in Kontakt, saß schon als Jugendlicher und junger Erwachsener wegen Vandalismus, illegalen Waffenbesitzes, Drogendelikten und anderer Dinge im Knast. Er konnte kaum einen Job länger als ein paar Wochen behalten, fand keine Partnerin, wurde immer unzufriedener und wütender. Die Schuld an seiner Misere gab er asiatischen Einwanderern, die zu dieser Zeit in Stockton stark vertreten waren. Sein Amoklauf auf dem Schulhof dauerte nur wenige Minuten, alle seine Opfer kamen aus Vietnam oder Kambodscha. Allerdings hasste Purdy laut einigen seiner Bekannten alle Menschen, nicht nur eine bestimmte Ethnie. Er erschoss sich beim Eintreffen der Polizei.

H.H. Holmes (1861–1896), von Macabre in dem Song »Dr. Holmes (He Stripped Their Bones)« verarbeitet, war ein Bigamist, Pferdedieb und Trickbetrüger, der es dank diverser krummer Geschäfte zu einem ordentlichen Vermögen gebracht hatte. Erstaunlich, denn als Arzt hätte er eigentlich ein gutes Einkommen haben sollen. Was seine Zeitgenossen zu spät registrierten: Er war zudem ein eiskalter Serienmörder. Zwar behauptete er bei seiner Verhaftung, vom Teufel besessen zu sein, das war allerdings eher eine Schutzbehauptung. Denn er tötete weniger aus Mordlust, als vielmehr um seine zahllosen Betrügereien zu verdecken. Wann immer ihm jemand auf die Schliche kam oder zu nah auf die Pelle rückte, verschwand die Person. Er brachte Leute um, deren Identität er für neue Betrügereien nutzte. Mehrere seiner Affären fielen ihm ebenso zum Opfer wie sein Komplize, ein Handwerker namens Benjamin Pitezel, der am Ende einfach zu viel wusste. Holmes heckte den Plan aus, eine Lebensversicherung auf seinen vermeintlichen Freund abzuschließen, dessen Tod vorzutäuschen und das Geld zu teilen. Schließlich brachte Holmes Pitezel tatsächlich um, was dessen Frau nicht ahnte. Ihr erzählte er, ihr Mann würde sich in London verstecken. Weil die Versicherung aber Zweifel an den Todesumständen von Pitezel anmeldete und das Geld nicht auszahlte, überredete er dessen Frau, die gleiche Nummer mit drei ihrer Kinder durchzuziehen. Die dreizehn, neun und sieben Jahre alten Kids fielen Holmes nacheinander zum Opfer, die Leichen der beiden Mädchen verbuddelte er in seinem Haus in Kanada, den Jungen verbrannte er, nachdem er das Fleisch von den Knochen abgelöst hatte. Diese Vorgehensweise gehörte bei ihm zum Standard, wahrscheinlich wegen des unangenehmen Geruchs. Es waren seine letzten Morde. Kurz darauf wurde er gefasst. Untersuchungen in seinen Häusern förderten menschliche Knochen und Zähne zutage. Holmes lieferte ein umfassendes Geständnis ab und gab 40 Morde zu, von denen die meisten »Opfer« aber nachweislich noch lebten. Belegt wurden mindestens acht Morde, vermutlich waren es um die 15 bis 20. Er wurde 1896 in Philadelphia gehängt, dabei kam es zu Komplikationen. Da sein Nacken nicht brach, wurde er von der Schlinge stranguliert, der ganze Prozess soll qualvolle 15 Minuten gedauert haben. Das »Horrorhotel« in das Holmes viele seiner Opfer gelockt haben und das aus einem Labyrinth von Gängen, geheimen Räumen und Fallen bestanden haben soll, ist eine Erfindung der Presse dieser Zeit. Die Geschichten wurden in den folgenden Jahrzehnten immer weiter ausgebaut, zumal der Vorbesitzer des Gebäudes einige Jahre nach Holmes' Tod Selbstmord beging, was den Fall erneut in die Schlagzeilen brachte. Neben Macabre hat unter anderem die deutsche Band Neck Cemetery in ihrem Song »Castle of Fear« die Geschichten um Holmes verarbeitet.

Deutlich mehr Opfer hat Gary »The Green River Killer« Ridgway (*1949) auf der Uhr. Mindestens 49 Frauen vergewaltigte und tötete er, an vielen verging er sich auch noch Tage nach ihrem Tod. Es waren so viele, dass er sich nicht mehr an jede einzelne erinnern kann. Wahrscheinlich sind es sogar noch mehr, realistische Schätzungen belaufen sich auf rund 70. Er beging seine Taten zwischen 1982 und 1983, also in einem extrem kurzen Zeitraum. Der Macabre-Song »The Green River Murderer (He's Still Out There)« ist ein bisschen überholt. Denn die Polizei hatte den im Rotlichtviertel von Seattle bekannten Ridgway schon lange auf dem Kieker, bereits in den Achtzigern wurde er mehrere Mal verhört, man konnte ihm aber nie etwas nachweisen. Das änderte sich erst 2001, als gesicherte Spuren auf DNA überprüft werden konnten. Er kooperierte schließlich mit der Polizei, um der Todesstrafe zu entgehen, und wanderte lebenslänglich hinter Gitter. Ridgway sitzt heute noch im Hochsicherheitsgefängnis an einem Ort mit dem schönen Namen Walla Walla.

Puh, eine ganze Menge Holz beziehungsweise Leichen für ein Album. Und das waren nur die Täter, die in Songtiteln vorkommen. Weitere wahre Geschichten, die Macabre auf »Gloom« verarbeiten, sind zum Beispiel die Taten des Serienmörders Ronald Gene Simmons (1940–1990), der 14 seiner Familienmitglieder und zwei weitere Menschen über Weihnachten mit Werkzeugen (Hammer, Brechstange) und Schusswaffen tötete. Er begann am 22. Dezember 1987 und war am 28. fertig. Unter den Opfern befanden sich seine Frau, seine Kinder und Enkel, Schwiegersöhne und -töchter. Mit mindestens einer seiner Töchter hatte er ein Kind. Simmons bat darum, nicht begnadigt zu werden. Dieser Wunsch wurde ihm erfüllt und sein Wirken in dem Song »Holiday of Horror« verewigt. Joachim »Der Menschenfresser von Duisburg« Kroll (1933–1991) hat in »Evil Ole Soul« seinen Auftritt, er brachte mindestens acht Menschen um, vom kleinen Mädchen über einen jungen Mann bis zu Seniorinnen. Teile der Körper landeten in seinem Kochtopf, die Eingeweide spülte er die Toilette herunter, was ihn schließlich überführte. Nicht besonders spektakulär, vom Klempner überführt zu werden. Aber man kann es sich nicht immer aussuchen. »Trampled to Death« beinhaltet ein bekanntes Unglück in Cincinnati. Bei einem Konzert von The Who im Jahr 1979 wurden elf Menschen zwischen 15 und 27 Jahren beim Einlass zu Tode getrampelt. Die Veranstalter hatten nur zwei schmale Türen geöffnet, als in der Halle Musik vom Band gespielt wurde, dachten die Fans, die noch draußen waren, das Konzert würde starten und strömten zu den Türen. Um weitere Panik und Ausschreitungen zu verhindern, wurden The Who erst nach dem Konzert über die Tragödie informiert.

Solche Themen bilden bei Macabre jedoch die Ausnahme, schon auf dem nächsten Album »Sinister Slaughter« (1993) werden ausschließlich Songs über bekannte Serienmörder eingespielt. »Dahmer« aus dem Jahr 2000 (Macabre brauchen immer ewig für ein neues Werk) ist dann ein Konzeptalbum über das Leben und den Tod von Jeffrey »The Milwaukee Monster« Dahmer (1960–1994). Dieser Kollege ist ebenfalls in die Popkultur eingegangen, es gibt mehrere Filme über ihn, Soulfly schrieben den Song »Jeffrey Dahmer«, Slayer das Stück »213« (Dahmers Hausnummer). Er mordete zwischen 1978 und 1991, hauptsächlich in der homosexuellen Szene. Dabei ging er fast immer auf die gleiche Weise vor. Er lockte das Opfer in seine Wohnung, hatte Sex mit ihm, ermordete es, hatte wieder Sex mit ihm und zerstückelte es. Manche Teile aß er, andere behielt er als Trophäe. Nach seiner Verhaftung wurde er zur Berühmtheit, Polizisten fragten nach Autogrammen, TV-Sender rissen sich nach seiner Verurteilung zu über 900 Jahren Haft um Interviews. Das lag am sympathischen Auftreten des Serienkillers. Er genoss die Aufmerksamkeit nicht, gab sich eher schüchtern, reumütig und reflektiert. Obwohl seine Kindheit nicht leicht war, gab er niemandem die Schuld an seinen Taten, sondern übernahm die komplette Verantwortung, was seinen Opfern allerdings auch nichts mehr nützte. Außerdem betonte er, dass seine Taten nicht von Hass motiviert waren, er sei einfach krank und hätte Hilfe gebraucht. Sein früher Tod geriet ebenfalls spektakulär. Im November 1994 wurde er gemeinsam mit zwei anderen Häftlingen zur Putzkolonne für den Fitnessbereich eingeteilt. Die drei waren ohne Aufsicht, als sich der an Wahnvorstellungen leidende Mörder Christian Scarver die Eisenstange einer Hantel schnappte und seine beiden Kollegen erschlug. Dahmer kam mit schweren

Gesichts- und Schädelverletzungen ins Krankenhaus, konnte aber nicht mehr gerettet werden. Sein Ableben löste Erleichterung, aber auch Trauer aus. Die Schwester eines seiner Opfer nahm sogar an seiner Beerdigung teil. Was den Fall Dahmer noch interessanter macht, sind die unglaublichen Fehler der Behörden. Er hätte bereits nach seinem ersten Mord gestoppt werden können, wenn der Streifenpolizist, der ihn 1978 mitten in der Nacht angehalten hatte, richtig geguckt hätte. Denn auf der Rückbank lag, nur notdürftig eingepackt, die Leiche seines ersten Opfers Steven Hicks. 1988 saß Dahmer wegen Verführung eines Minderjährigen in Haft, die Polizei durchsuchte seine Wohnung, übersah aber den präparierten Schädel von Richard Guerrero. Seine Bewährungshelferin besuchte ihn, obwohl vorgeschrieben, nicht ein einziges Mal in seiner Wohnung. Ein Jugendlicher konnte dem Killer entkommen, er schilderte den Vorfall der Polizei, die ihm aber keinen Glauben schenkte, obwohl Dahmer vorbestraft war. Noch krasser war der Fall eines 14-jährigen Jungen, der ebenfalls fliehen konnte. Wenige Meter von dem Appartement entfernt traf der farbige Jugendliche zufällig auf Polizisten, denen er seine Situation schilderte. Dahmer kam hinzu und erklärte, der Junge sei volljährig und sein Liebhaber. Man habe sich nur gestritten. Die Polizisten übergaben Dahmer den Teenager, der ihn daraufhin in seiner Wohnung tötete.

Auf dem folgenden Werk »Murder Metal« (2003) geben uns Macabre ein bisschen Geschichtsunterricht. In »Werewolf of Bedburg« wird die Geschichte des deutschen Bauern Peter

Stump behandelt, der 1589 zum Tode verurteilt wurde. Er soll über einen Zeitraum von über 20 Jahren Vieh und Menschen auf bestialische Weise gemeuchelt, außerdem Inzest mit seiner Tochter betrieben, Frauen vergewaltigt und mit dem Teufel im Bunde gestanden haben. Stump ist der bekannteste deutsche Werwolf. Nachdem es im rheinländischen Bedburg und Umgebung immer wieder zu ungewöhnlichen Verbrechen der schlimmsten Art gekommen war, geriet der allein mit seiner Tochter lebende Bauer Stump ins Visier der Ermittlungen. Unter Folter gestand der Außenseiter, dass der Teufel ihm einen magischen Gürtel aus Wolfsfell übergeben habe, mit dem er sich in einen Werwolf verwandeln könne. Vor Zeugen konnte er dieses Kunststück aber nicht vorführen. So oder so, Stump wurde wegen 16 Morden verurteilt, darunter 14 Kinder und zwei schwangere Frauen, denen er die Föten aus dem Leib gerissen habe. Seinen eigenen Sohn habe der Schwarzmagier ebenfalls umgebracht und dessen Gehirn gegessen. Ganz schön viel auf einmal. Der Delinquent wurde auf ein Rad gespannt und mit glühenden Zangen traktiert. Anschließend hackte man ihm Arme und Beine und schließlich den Kopf ab. Die Einzelteile warf man auf einen Scheiterhaufen. Anschließend wurde seine Tochter, die alles mitansehen musste, öffentlich ausgepeitscht, erwürgt und ebenfalls auf dem Scheiterhaufen verbrannt. Die Dorfbewohner errichteten in der Mitte der Siedlung anschließend ein Monument, Stumps (offensichtlich nicht verbrannter) Kopf wurde zusammen mit einer Wolfsfigur ausgestellt. Als Warnung für andere Werwölfe. Ob Stump tatsächlich irgendetwas verbrochen hatte, konnte nie ermittelt werden. Heute gibt es in der Gegend einen »Werwolf-Wanderweg«. Niedlich. In »The Iceman« wird an einen der legendärsten Mafia-Killer aller Zeiten erinnert. Richard Kuklinski soll über 200 Männer auf dem Gewissen haben, seinen ersten Mord beging er angeblich mit 13 Jahren. Das Morden lag der Familie Kuklinski im Blut, sein Bruder Joseph vergewaltigte und tötete als junger Erwachsener ein 12-jähriges Mädchen und wanderte dafür ins Gefängnis. Richard hingegen sah es eher als Geschäft an, er mordete gegen Cash im Auftrag mehrerer italienischer Familien. Weil er einige Leichen in industriellen Kühlfächern zwischenlagerte (um so den Todeszeitpunkt zu verschleiern), bekam er den Spitznamen »The Iceman«. Muss man erwähnen, dass sein Vater ein schlagender Säufer (der einen seiner Söhne sogar zu Tode prügelte) und seine Mutter eine ebenso zuschlagende Überkatholikin war? Wahrscheinlich nicht. Richard wurde 1986 zu vier lebenslangen Haftstrafen verurteilt und starb 2006 in Haft eines natürlichen Todes, kurz bevor er gegen einen bedeutenden Mafioso aussagen sollte. Der wurde im Anschluss aus Mangel an Beweisen freigesprochen. In »Bella the Butcher« vom Album »Grim Scary Tales« (2011) ersteht die aus Norwegen stammende Brynhild Paulsdatter Størset wieder auf. Wenn sie denn je gestorben ist. Die Belle oder auch Bella genannte Frau wanderte in jungen Jahren in die USA aus und hatte einen erstaunlichen Verschleiß an Ehemännern, Haushaltshilfen, Angestellten und sogar eigenen Kindern. Es wird vermutet, dass sie aus Habgier zwischen 20 und 40 Menschen tötete, darunter mindestens zwei Ehemänner. Ein Hausmädchen, das Zeuge eines Mordes wurde und davon in der Öffentlichkeit berichtete, verschwand kurz darauf ebenfalls. Von dem Geld aus den Lebensversicherungen kaufte sich Bella eine Farm in Indiana und beschäftigte Tagelöhner, die irgendwann einfach verschwanden. Außerdem schaltete sie Anzeigen, in denen sie norwegische Männer zwecks Heirat suchte. Überflüssig zu erwähnen, dass die Kandidaten ebenfalls nie wieder irgendwo auftauchten. Im Jahr 1908, die Gerüchte um sie nahmen zu, brannte ihre Farm nieder. In den Trümmern wurden Überreste von diversen Leichen gefunden, darunter auch die von Bella. Allerdings fehlte ihr Kopf, der bis heute nicht aufgetaucht ist. Nur ein Zahn fand sich, der ihr eindeutig zugeordnet werden konnte. Sie wurde für tot erklärt, obwohl es massive Zweifel gab. 1931 vergiftete eine Norwegerin namens Esther Carlson in Los Angeles ihren Ehemann. Die Dame wies auffällige Ähnlichkeiten mit Bella auf und besaß Fotos, die eigentlich Bella gehört hatten. Doch Bellas ehemaliger Wohnort, ein kleines Kaff in Indiana, besaß nicht das Geld, um einen Beamten nach Los Angeles zu schicken und zu prüfen, ob es sich bei Esther vielleicht um die vermeintlich tote Bella handelte. Carlson starb noch vor ihrem Prozess an Tuberkulose. Spätere Versuche, das Rätsel mittels DNA-Analyse aufzuklären, scheiterten bisher, da es nicht mehr genug brauchbares Material gibt.

Solche Geschichten wären unglaubwürdig, würde man sie sich ausdenken. Aber so ist es geschehen. Kein Wunder also, dass Macabre endlos viel Stoff für ihre Alben haben. Die Band existiert bis heute und singt fröhlich weiter Songs über Serienkiller. In Interviews wird die Combo oft gefragt, ob sie nicht befürchte, Werbung für die Verbrecher zu machen. Band-Sprachrohr Lance »Corporate Death« Lencioni, der damals bei der Gerichtsverhandlung von Dahmer persönlich im Saal saß, wiegelt das meist mit der Begründung ab, man würde nur wahre Begebenheiten wiedergeben und nicht glorifizieren. Macabre gelten als Wegbereiter des Death Metal, weniger was die Musik angeht, die ein ganz seltsames und eigenes Metal-Gemisch ist, als vielmehr die Texte betreffend. Und die Wahnsinnigen da draußen sorgen dafür, dass ihnen die Themen niemals ausgehen.

Urteilsverkündung

Am Ende werden sie doch alle erwischt. Sogar der Erlöser.

Pock, pock, pock! »Ruhe im Saal, Zigaretten aus und Bierdosen unter die Bänke, Gespräche sind ab sofort einzustellen. Falls Sie sich fragen, wo der junge Mann in Kutte, der vorhin trotz meiner ausdrücklichen Warnung noch einmal ›Breaking the Law‹ angestimmt hat, abgeblieben ist; dem haben wir im Hinterhof des Gebäudes so lange das unsägliche und nicht enden wollende Album ›Jugulator‹ vorgespielt, bis er genug hatte. Das ging verhältnismäßig schnell, er hat kaum gelitten. Da dieser Fall geklärt ist, kommen wir zur eigentlichen Causa. Das hohe Gericht hat sich zu endlosen Beratungen zurückgezogen, zwischendurch ne Runde Schach gespielt, den Lieferdienst angerufen, und wir haben uns auf Staatskosten eine Massage gegönnt. Nun sieht sich Selbiges in der Lage, ein Urteil zu sprechen: Der Heavy Metal ist in allen Belangen freizusprechen, die Kosten des Verfahrens tragen Christa Jenal und die katholische Kirche.

Begründung: Ähnlich wie der Fußball, jegliche Schützen-, Frühlings- und Herbstfeste oder die Oper im Allgemeinen lockt auch der Metal Menschen aus allen möglichen Gesellschaftsschichten an. Manche sind arm, andere reich. Manche schlau, einige dumm wie Stroh. Manche sind Satanisten, wieder andere Wikingologen. Manche sind Flexitarier, andere kommen aus Albanien. Und manche sind rechtschaffen, während einige durch und durch verdorben sind. Das gilt für Fans, Musiker, Journalisten, Techniker, Promoter und alle, die sich im Bereich des sogenannten Musik-Business tummeln. Das Geschlecht spielt dabei keine Rolle, wobei schon auffällig ist, wie viele Männer sich in diesem Buch unter den Tätern befinden. Erlauben Sie mir an dieser Stelle eine kurze Ausführung zur Geschlechterteilung im Strafvollzug.«

»Einspruch! Zeilenschinderei!«

»Abgelehnt. Den Staatsanwalt bitte ich, in den Hinterhof zu einer ›Nostradamus‹-Behandlung zu führen. Also, in hiesigen Landen wurden nach der polizeilichen Kriminalstatistik im Jahr 2023 insgesamt rund 2,2 Millionen Tatverdächtige ermittelt. Darin sind alle Straftaten erfasst, vom Mord bis zum Ladendiebstahl. Von diesen 2,2 Millionen waren 1,7 Millionen Männer. Also circa trugen oder tragen Dreiviertel aller Tatverdächtigen einen Schnipf. Allerdings sind Männer auch am häufigsten die Opfer. Bei Mord, Totschlag und Töten auf Verlangen ist das Verhältnis 68 % zu 32 %, bei Raubdelikten 76 % zu 24 %. Überall sind die Männer vorn. Nur bei Sexualdelikten dreht sich das Verhältnis dramatisch. Hier sind fast 92 % der Opfer weiblich. Im Jahr zuvor wurden in Deutschland insgesamt rund 529.000 Männer rechtskräftig verurteilt, aber nur 118.500 Frauen. Außerdem sind die Taten der Frauen tendenziell weniger heftig. Baden-Württemberg veröffentlichte 2019 eine Statistik, in der die Damenwelt besonders gerne in den Feldern Betrug und Untreue, Diebstahl und Unterschlagung und Straßenverkehrsdelikte zuschlug. Gewaltdelikte machten hier nur 1,7 % aller Straftaten aus, während bei Männern Gewalt und Drogen deutlich stärker vertreten waren. Irgendwie erstaunlich, wenn man die typische schwäbische Hausfrau kennt. Aber insgesamt lässt sich wohl sagen, dass Frauen weniger gewalttätig, dafür aber betrügerischer sind. Weniger Springmesser, mehr lange Finger(nägel). Und wahrscheinlich sind sie auch cleverer, sie lassen sich nicht so leicht erwischen wie der typische Samstagabend-Einzelkämpfer, der angetrunken und zugekokst in den Club kommt und sich mit ein paar Geschlechtsgenossen bügelt. Rechnet man dann noch die männliche Dominanz in der Metal-Szene hinzu (obwohl sich das in den letzten Jahrzehnten glücklicherweise angenähert hat), überrascht das männliche Übergewicht bei den Straftaten in diesem Buch nicht mehr. Schön, dass wir mal drüber gesprochen haben.

Zurück zum eigentlichen Thema: Kunstformen wie Musik, Film, bildende Kunst oder Literatur beschäftigen sich mit fiktiven oder realen Gräueltaten, was aber nicht heißt, dass man nach dem Konsum dieser Werke genau das machen soll, was dort gezeigt, besungen, gezeichnet oder aufgeschrieben wurde. Wäre dem so, hätte ein Mann wie David Lynch nicht mehr viel zu lachen. Und ein Stephen King hätte nicht deutlich über 400 Millionen Bücher verkauft, sondern wäre spätestens nach seinem zweiten Werk ›Brennen muss Salem‹ (1975) von irren Vampirjägern irgendwo in Maine gepfählt worden. Okay, etwas Ähnliches wäre ihm tatsächlich beinahe passiert, als der Die-Hard-Fan Eric Keene bei den Kings einbrach und seine Frau bedrohte. Seitdem hat King noch mehr Angst vor glühenden Anhängern. Dafür ist er nebenbei selbst ein fanatischer Anhänger von Rockmusik, steht zum Beispiel auf AC/DC und sprach für ein Album von Blue Öyster Cult sogar ein Intro ein. Mit Scott Ian von Anthrax verbindet ihn eine Freundschaft. Die dunkle Seite der Macht muss eben zusammenhalten.

Also, lernen Sie aus den vorangegangenen Zeilen, hören Sie weiter Heavy Metal in all seinen Ausformungen und bleiben Sie dabei sauber. Ich möchte Sie nicht eines Tages vor mir auf dem Stuhl haben und zu 30 Jahren Kalksteinbrucharbeiten in Bad Mergentheim verurteilen müssen, nur weil Sie einen Chris Barnes (Cannibal Corpse, Six Feet Under) oder John Tardy (Obituary) beim Wort genommen haben. Das Leben ist zu schön, um es in Ketten zu verbringen. Es sei denn, Sie sind Fetischist. Ich wünsche ein angenehmes Restleben.«

Register

Prozessrelevante Metalbands und -musiker

Bildnachweis

S. 3 Canva

9 u. 229 Canva

10 Pictorial Press / Alamy Stock Photo

14 ZUMA Press / Alamy Stock Photo

36 ZUMA Press / Alamy Stock Photo

42 Media Punch / Alamy Stock Photo

60 Debby Wong / Alamy Stock Photo

68 Zuma Press / Alamy Stock Photo

82 Unbekannt, Anefo / Wikimedia

86 Terje Dokken, Gonzales Photo / Alamy Stock Photo

102 Peter Troest, Gonzales Photo / Alamy Stock Photo

112 CTK / Alamy Stock Photo

132 David Coleman, Have Camera Will Travel / Alamy Stock Photo

136 Geffen Records / Alamy Stock Photo

152 Pictorial Press / Alamy Stock Photo

164 Fabio Diena / Alamy Stock Photo

180 WENN Rights / Alamy Stock Photo

190 Trinity Mirror, Mirrorpix / Alamy Stock Photo

204 Promo / murdermetal.com

224 WENN Rights / Alamy Stock Photo

236 Sarah Quast

Autor und Verlag haben großen Wert auf die korrekte Fotorecherche und -lizensierung gelegt. Sollten sich dabei trotzdem Fehler eingeschlichen haben, bitten wir um großzügige Nachsicht und eine freundliche Kontaktaufnahme mit dem Verlag.

TILL BURGWÄCHTER, Jahrgang 1975, entflammte irgendwann zwischen Metallicas »Master of Puppets« (1986) und
»And Justice for All« (1988) für den Heavy Metal, das Feuer
ging seitdem nicht mehr aus. Seit mehr als 20 Jahren arbeitet er
als »fester Freier« unter anderem für das Fachmagazin *Metal
Hammer*, schreibt aber auch für Zeitungen und Magazine wie
taz, Orkus, Welt, Braunschweiger Zeitung etc. Zuletzt erschienen sind von ihm »100 Seiten Metallica« (Reclam 2023),
»Wacken – Populäre Irrtümer und andere Wahrheiten«
(Klartext 2024, unter Klarnamen) und »Wenn der Werwolf
dreimal klingelt« (Verlag Andreas Reiffer 2024). Der Autor
war bis dato noch nie im Knast.

Frank Schäfer

Heavy Kraut
Wie der Metal nach Deutschland kam

In den siebziger Jahren gewinnt die deutsche Rockmusik an Selbstvertrauen und profiliert sich unter dem Label Krautrock. Zugleich zieht mit den frühen britischen Metalbands ein neues Gewitter herauf, dessen Donnergrollen auch in Deutschland bemerkt und adaptiert wird. In diesem Spannungsfeld treiben Birth Control, Lucifer's Friend, (Black) Mass, Scorpions, Fargo, Franz K., Jutta Weinhold, Bastard und Accept unermüdlich ihre Karriere voran und formen so einen charakteristisch deutschen Traditionsstrang der Hardrock-Geschichte aus, der schließlich auch international Wertschätzung erfährt.

Frank Schäfer hat die damals Beteiligten zum Reden gebracht und ihre Geschichten zu einer spannenden Oral History der harten, lauten Siebziger und ganz frühen Achtziger montiert. Das Buch erzählt anekdotisch, komisch, aus erster Hand von der Genese, der Vor- und Frühgeschichte des German Metal.

Hardcover, 14 x 21,5 cm, 304 S., ISBN 978-3-910335-72-1

Renatus Töpke

ROCKMUSIKFILME
Die Dokumentationen

Waren Band-Dokumentationen früher den etablierten Acts vorbehalten, die es sich leisten konnten, eine Filmcrew über mehrere Wochen und Monate zu beschäftigen, gehören sie spätestens seit dem Feuilleton-Liebling »Anvil – Die Geschichte einer Freundschaft« auch für die Underdogs mit einem schmaleren Budget zum guten Ton.

In »ROCKMUSIKFILME« stellt der Drehbuchautor Renatus Töpke fast 100 Filme vor, der älteste aus dem Jahr 1967. Damit erzählt das Buch auch die Geschichte der Rockmusik, von der Beatlemania über Woodstock bis hin zu Punk, Metal und Grunge.

Hardcover, 14 x 21,5 cm, 304 S., ISBN 978-3-945715-53-6

www.verlag-reiffer.de

Till Burgwächter

Wenn der Werwolf dreimal klingelt

Grusel, Gore und ganz viel Blut

Till Burgwächter beschäftigt sich seit mehreren Jahrzehnten mit Horrorfilmen und verbrachte unzählige gruselige Stunden vor der Glotze. In der vorliegenden Essenz dieser Recherchen berichtet er von der mehr als 100-jährigen Geschichte des Genres – mit seinen diversen Spielarten, ausgesucht erschreckenden Filmen und furchtbaren Darstellern.

Doch auch (zum Glück) längst vergessene und kuriose Streifen, Skandale, unerklärliche Phänomene am Set und tragische Fehlentscheidungen der Filmschaffenden dürfen nicht fehlen.

Klappenbroschur, 11 x 18,5 cm, 120 S., ISBN 978-3-910335-11-0

Matthias Penzel

Talk on the Wild Side

Treffen mit Metal- und Rockmusiker:innen

Auch wenn (noch) keine Nostalgieshow im Fernsehen daran erinnert, auch wenn die älteren Recken des Musikjournalismus nach 1977 wenig Neues entdeckten – zum Ausklang des 20. Jahrhunderts ist einiges passiert. Die Red Hot Chili Peppers und Nirvana wirbeln die Rockwelt durcheinander. Aber auch B.B. King oder Black Sabbath haben noch etwas zu sagen. In den Nineties gab es mehr als Grunge und Britney Spears, Bewegenderes und Erregenderes – wenn auch im toten Winkel der allgemeinen Wahrnehmung. Neue Bands mit neuen Sounds wechselten rasend schnell vom Underground zur Muzak im ICE-Bistrowagen. Abgesehen von Werbern oder Dealern kam niemand so schnell an so viel Geld in den goldenen Zeiten der Compact Disc. Und gleichzeitig herrschte eine ebenso apokalyptische wie durchdrehende Stimmung, die Lust an Risiko und Irrsinn.

Inklusive 15 Audiofiles (abrufbar über QR-Codes) aus Gesprächen mit Judas Priest, John Zorn, Concrete Blonde, AC/DC, Enya, W.A.S.P. u.v.a.m.

Hardcover, 14 x 21,5 cm, 400 S., ISBN 978-3-945715-94-9

 www.verlag-reiffer.de